Índice

CONTRACUBIERTA
BOOKTABA,
servicios literarios S.L.
Febrero 2024
Número 2

DIRECCIÓN
Elvira Rivero
Víctor M. Martín

ILUSTRACIÓN DE CUBIERTA
Sergio García

MAQUETACIÓN
Divergente₈₄

COEDICIÓN
Booktaca y Ledoria

Depósito Legal: TO97-2025
ISBN: 978-84-19887-58-0

Saludos

Considerando que durante mi carrera diplomática he tenido varios puestos de contenido cultural -como Director del Instituto de España en Londres o Director General de la Casa de América, pero también en el Consulado General de España en Los Ángeles y Cónsul General de España en Puerto Rico–, no resulta demasiado sorprendente que, estando ya próximo a la jubilación, haya decidido tomar residencia en una ciudad que ofrece las ricas aportaciones de al menos tres culturas diferentes.

El lugar escogido para establecerme en Toledo, la Plaza de Santo Domingo el Real, también constituye un lugar emblemático y los sillares de piedra del antiguo convento de Santo Domingo respiran por todos sus poros los efluvios de distintas épocas y creencias, y han servido de inspiración a escritores, pintores, cineastas y poetas.

Para Gustavo Adolfo Bécquer, la plaza recoleta, en uno de cuyos lados se extiende el Convento de Santo Domingo y, del otro lado, viviendas particulares que pudieron haber albergado a los confesores y canónigos de ese importante convento de clausura, constituyó una importante pieza de inspiración. Se dice que la leyenda de "La mano" tuvo su origen en la contemplación –o alucinación– de la mano misteriosa de una mujer que se asomaba por una de las ventanas enrejadas. ¿Estaría intentando arrojar un billete a su amante?

Más tarde, un grupo de visitantes de la Residencia de Estudiantes de Madrid que se harían pronto famosos, constituyeron un grupo, llamado Orden de Toledo, propiciado por el cineasta Luis Buñuel, que se autoproclamaría condestable de esa orden nobiliaria imaginaria. El grupo, integrado entre otros por Federico García Lorca, Salvador Dalí y Rafael Alberti, se reunían en la Plaza de Santo Domingo el Real antes de iniciar sus periplos nocturnos por todo el casco viejo de la ciudad, hasta llegar a la Venta de Aires, donde se proveían de botellas de vino de Yepes, cuyo consumo era condición ineludible para formar parte de la Orden. Aunque el título de la misma parecía inspirado por instituciones semejantes de las órdenes militares o nobiliarias y los integrantes de la Orden de Toledo ostentaban títulos de caballero o escudero, en realidad se pretendía realizar una burla o simulacro de esas instituciones, y los periplos entre antiguas mansiones y templos milenarios estaban inspirados por un espíritu lúdico muy alejado del sentimiento religioso. En algunas ocasiones, los miembros de la orden aprovechaban la oscuridad nocturna que se cernía sobre las estrechas callejas toledanas para envolverse en sábanas blancas y asustar a cualquier transeúnte.

Pero sin duda, la ocasión más importante en el entorno del convento de Santo Domingo el Real era cuando, en la noche del miércoles de Semana Santa, salía por la puerta principal de ese mismo convento el paso que llevaba la efigie del Cristo del Silencio.

Los porteadores, encapuchados como si fueran hermanos de una cofradía sevillana, salían del templo en completo silencio y la plaza estaba solo iluminada por los candiles que transportaban los penitentes. Durante la salida del Paso, que cruzaba el lugar y transitaba por la calle de los Buzones, la multitud que abarrotaba la pequeña plazoleta, atraída por la belleza y la solemnidad con la que se desarrollaba esa procesión, se mantenía en un riguroso silencio y sólo se oía el paso cadencioso de los penitentes encapuchados y las voces de mando del hermano mayor de la cofradía.

Sin ser una de las procesiones más brillantes y espectaculares de Toledo durante la Semana Santa, la procesión del Cristo del Silencio, por el respeto y fervor de los penitentes y del público asistente, es sin duda una de las más emotivas.

Eduardo Garrigues, diplomático y escritor.

La (extraña) vida de los libros

POR VÍCTOR M. MARTÍN
ILUSTRACIÓN DIVERGENTE₈₄

Tenía pensado escribir sobre el increíble número de publicaciones que día tras día inundan nuestras librerías, pero me he dado cuenta de que corro el riesgo de convertirme, si no lo soy ya, en el librero gruñón de turno, y no me apetece, con el buen talante que suelo tener como norma general. Así que he decidido hablar de algunos libros que siguen una trayectoria errática, sorprendente y exitosa por las librerías, libros y lectores que nos hacen mantener la esperanza en el ser humano y su pervivencia.

El primer libro al que quiero referirme es **El infinito en un junco**, de **Irene Vallejo**, publicado por **Siruela** en 2019. En 2020 recibió el Premio Nacional de Ensayo y acumula ya varios galardones y menciones. La última no es oficial, pero según una encuesta de la revista digital **WMagazine** realizada a 27 librerías independientes de España, estas eligieron *El infinito en un junco* como el mejor libro español de lo que llevamos del siglo XXI (a lo mejor un poco excesivo, creo yo). En cualquier caso, pocos libros habrán transformado tanto la vida de su autora como este *Infinito*.... Irene Vallejo, zaragozana de pro, era una autora poco conocida fuera de la capital aragonesa en ese momento, pero lleva ya varios años surfeando una ola infinita que nunca acaba de romper. No sabemos hasta donde la subirá.

IRENE VALLEJO

El infinito en un junco
La invención de los libros en el mundo antiguo

SIRUELA BIBLIOTECA DE ENSAYO

El infinito en un junco es un ensayo con un subtítulo esclarecedor: *la invención de los libros en el mundo antiguo*. Podría pensarse que esto no interesaría a nadie más allá de filólogos y estudiosos empedernidos de todo aquello que tenga que ver con la lectura y la escritura, y así fue durante esos primeros meses de vida. El libro, además, tuvo que luchar con un enemigo con el que nadie contaba: el **Co-Vid**. A los seis meses de haber salido a la venta, el presidente del gobierno confinaba al país entero y la actividad económica de las librerías se veía seriamente afectada por las consecuencias de todo esto. Y sin embargo, la pandemia y el confinamiento fueron la palanca que sirvió a *El infinito en un junco* para que se erigiera en uno de los libros más vendidos del año 2020... y siguientes. ¿Por qué, de repente, a la gente le dio por leer un ensayo literario de estas características?

« ¿Por qué, de repente, a la gente le dio por leer un ensayo literario de estas características? »

A esta pregunta tendría que responder cada lector, yo sólo puedo hablar por mí. En mi caso, leí *El infinito en un junco* por las noches, cuando me acostaba, harto y estresado de tanta noticia catastrofista, de tanta estadística mortal. Y "El infinito..." me acunaba y me tranquilizaba. Fue un libro terapéutico: por cómo está escrito, por lo que cuenta, por esas anécdotas que Irene insertaba con una habilidad pasmosa para llevarnos en un sin parar de la actualidad, de su presente, al mundo pasado, en una ida y vuelta continua. *El infinito en un junco* está escrito con el cariño y el amor de alguien que no concibe su vida sin los libros, que ha sido acosada de pequeña, que era vista como un bicho raro por algunos, que buscaba refugio en parques y jardines, al calor de una buena lectura. Son dos biografías en una: la historia del papel y los libros y la historia de Irene Vallejo. Irene comenzó a escribir el libro en 2015, mientras su hijo recién nacido permanecía ingresado en un hospital aquejado de una grave enfermedad respiratoria, en una suerte de declaración de amor inquebrantable a su vástago y a ese gadget perfecto llamado libro. Cuando ya han pasado casi 6 años de la apari-

ción de *El infinito en un junco*, atrás quedan más de 1.200.000 ejemplares vendidos, más de 50 ediciones y ha sido traducido a 45 idiomas (seguro que mientras escribo estas líneas estas cifras son ya papel mojado). En lo que concierne a Hojablanca, llevamos vendidos más de 200 ejemplares en sus diferentes versiones y ediciones. Un éxito sin precedentes como pocos hemos conocido.

No conozco personalmente a Irene, más allá de intercambiar mensajes por *Instagram* -siempre respondidos en un corto plazo de tiempo, lo cual es digno de agradecer, de verdad-, en mi obsesión constante por traerla a las tertulias literarias, y por esa hora larga que pasamos charlando en la entrevista pandémica que todavía puede encontrarse en *Youtube*. Pero estos mínimos contactos me han bastado para descubrir en ella a una persona dulce y sensible, una buena persona, que es lo mejor que se puede decir de alguien. Las buenas personas merecen que les pasen cosas buenas. Y como Irene lo es, no hay día que no me alegre del éxito que la ha empujado a lo más alto. Sólo espero que, si

llega el caso, nadie tenga el valor de dejarla caer.

El segundo libro del que quiero hablar es *Tan poca vida*, de **Hanya Yanagihara**, un *tochazo* de más de 1.000 páginas con todos los números para haber pasado por las librerías sin pena ni gloria. Y así fue durante un tiempo, al menos en España, a pesar de los premios que atesora y del buen recibimiento que recibió esta monumental novela por parte de la crítica. El libro lo publicó **Lumen** en 2016, pero no sería hasta hace un par de años, aproximadamente, que las redes sociales lo devolvieron a los estantes de las librerías. Quién inició este tsunami de ventas y obsesiones no está claro al cien por cien, pero todas las sospechas recaen en la cantante **Dua Lipa**, quien exhibió fotografías leyendo el libro y del que afirmó que le había cambiado la vida (fortísimas declaraciones). En verdad, da igual si fue Dua Lipa o una *booktuber* desconocida la que prendió la mecha. La realidad es que *Tan poca vida* se ha convertido en ese libro que pasa de boca a oído, protagonizando un fenómeno imparable y no hay librería en España que se precie que no tenga ejemplares suyos. Una búsqueda rápida en www.todostuslibros.com me dice que más de 300 librerías repartidas por toda la geografía española podrían poner en mis manos ahora mismo un ejemplar de este libro.

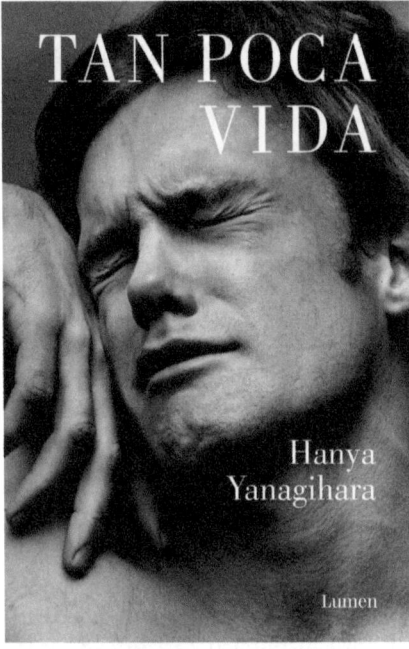

Tan poca vida cuenta la vida de cuatro compañeros de piso a lo largo de 30 años, una amistad férrea que soporta todo tipo de vicisitudes y que sirve a la autora para tocar infinidad de temas, como la homosexualidad, el maltrato, el suicidio, la incomunicación masculina, esa incapacidad de compartir con nuestros mejores amigos nuestros dramas, dolores y problemas, y deja al lector en un permanente estado de sufrimiento, al más puro estilo folletín decimonónico, no sólo por su notable paginación, sino por la caracterización maniquea de los personajes, los buenos son taaaaaan buenos, los malos son taaaaaaan malos...

Nadie que haya leído la novela tiene las claves definitivas de su éxito tardío. En un mundo donde las mujeres leen (mucho) más que nosotros, una novela protagonizada por cuatro hombres triunfa y arrasa. Dice **Laura Fernández** que "si hay una razón por la que Tan poca vida encaja tan bien en este momento es porque capta el espíritu de los tiempos: la hipersensibilidad". Esa hipersensibilidad que nos lleva a compartir en redes sociales todo tipo de imágenes y videos donde, mayoritariamente ellas, lloran desconsoladamente ante las mil y una putadas que la vida depara a los cuatro protagonistas, a alguno más que a otros. El último aspecto que quería reseñar de *Tan poca vida* es que aparte del mercado de primera mano, ha puesto de moda la venta de ejemplares pulcramente anotados y subrayados. Que tus lágrimas empapen el papel donde semanas o meses antes cayeron las de tu vendedor(a) no tiene precio, una suerte de lectura guiada que te va señalando los hitos donde tu corazón debe parar para llorar. Un poco desnaturalizado, sí, pero para gustos, los colores.

Como sucede con todos los fenómenos de estas características, no faltan las voces críticas con la novela y su calidad literaria. Siempre hay gente empeñada en demostrar esa afirmación que *algo que gusta tanto no puede ser en realidad tan bueno*, la eterna disyuntiva entre lo comercial y lo literario. Pero en el hipotético caso de que la novela sea mala o no tan buena como apuntan sus defensores, que sobre todo jóvenes lectores (porque el impacto de *Tan poca vida* ha sido sobre todo en ese sector de la población que puede encontrarse entre los 18 y los 25 años) se hayan metido entre pecho y espalda más de 1.000 páginas con la voracidad del lector desaforado también merece un aplauso, ¿no?

MARCO AURELIO · MEDITACIONES · TODO MI SER SE REDUCE A ESTO: LA CARNE, EL ESPÍRITU, LA FACULTAD RECTORA · TAURUS GREAT IDEAS

El tercer título para consignar en estas líneas no puede ser más diametralmente opuesto: de las más de 1.000 páginas de *Tan poca vida* vamos a pasar a las apenas 170 (según la edición) de las **Meditaciones** de **Marco Aurelio**. Escrita por el emperador romano entre los años 170 y 180 de nuestra era, las *Meditaciones* recogen una serie de reflexiones, sin una cronología específica y temáticas variadas que dos mil años después de su creación, parecen más actuales que nunca. La fiebre por las *Meditaciones* coincide con la popularidad del estoi-

« si no puedes controlar todo lo que sucede a tu alrededor, sí puedes controlar la manera en que piensas y te enfrentas a ello »

cismo como disciplina filosófica de moda. Y es que tanto la obra de Marco Aurelio como la citada corriente caminan de la mano: si no puedes controlar todo lo que sucede a tu alrededor, sí puedes controlar la manera en que piensas y te enfrentas a ello. De las *Meditaciones* llevamos vendidos casi 50 ejemplares en diferentes ediciones, si bien se lleva la palma la coqueta edición de bolsillo de Taurus, a precio enormemente popular (7,99 euros) y en un tamaño que permite llevarlas incluso en un abrigo, con la idea de poder aprovechar cualquier momento para leer una de estas breves reflexiones. Es posible que alguien piense que 50 ejemplares no es una cifra para volverse loco. Pero en este caso, sí lo es, créanme. A medio camino entre la autoayuda y el manual de filosofía, las *Meditaciones* no es un libro al uso ni comercial, no es un thriller de ritmo demoledor que te obliga a pasar páginas casi de manera compulsiva ni una comedia romántica en la que al final, todos son felices y comen lo que quiera que coman ahora las personas que son felices.

Estamos ante un libro que tiene casi 2.000 años, escrito por un antiguo emperador romano en griego helenístico. No, en esa época no existían las fórmulas literarias tan al uso en la actualidad para que el lector sea incapaz de soltar un libro. Marco Antonio fue el último de los llamados **Cinco Buenos Emperadores** y gobernó **Roma** entre 161 y el año de su muerte, el 180 de nuestra era. Preocupado por el buen gobierno y la austeridad, igual que los políticos españoles actuales, escribió estas *Meditaciones* alrededor del año 170, en las que quedan reflejadas todas sus inquietudes y manera de encarar la vida. En total, son casi 500 aforismos de diferentes extensiones (alguno apenas llega a las 10 palabras, otros son sensiblemente más extensos, cuatro, cinco o seis párrafos), recogidos en 12 partes o capítulos.

El cine nos lo mostró hace algunos años encarnado en la piel del gran **Richard Harris** en la correcta **Gladiator (Ridley Scott, 2000)**, si bien como suele suceder en buena parte de las películas históricas de Scott, la fidelidad de los hechos narrados en ella no tienen mucha base: es decir, Marco Aurelio, al parecer, no murió asesinado a manos de su hijo **Cómodo (Joaquin Phoenix)** pero tampoco es este un artículo que pretenda esclarecer las licencias del maestro Ridley ni las causas verdaderas o falsas de la muerte de Marco Aurelio.

Lo relevante de todo este asunto es que un libro al que podríamos calificar de *outsider* minoritario y *cultureta* como este lleva apareciendo sistemáticamente entre los libros de no ficción más vendidos del país. Eso ya de por sí es raro, porque si yo hiciera una foto a cada persona que me ha comprado el libro, el resultado sería un batiburrillo de edades del que difícilmente se podría sacar conclusión alguna. Quién le iba a decir a Marco Aurelio que tantos siglos después de su muerte, sus pensamientos e ideas iban a ir pululando de mano en mano entre los atribulados lectores de este país. Porque más allá de lo atípico del libro en el fondo de una librería, mi última reflexión, que a fuer de no ser literaria, se me antoja relevante es ¿qué está pasando en este país para que uno de los libros más vendidos sea un tratado sobre el bienestar mental y como aprender a enfrentarnos a las adversidades que, sin duda, nos rodean y atacan a diario? Mastíquenlo.

TU MARCA EN CONTRACUBIERTA:
conecta con lectores y creadores

Reserva tu espacio publicitario en el próximo número y llega a un público comprometido con la cultura.

ANÚNCIATE EN UNA PÁGINA COMO ESTA

Contacta con nosotros para más información

Escríbenos al email contacto@hojablanca.es o al WatsApp 660848503

Mi síndrome de Estocolmo

o de cómo Tim Gautreaux comenzó a hablar español

POR JOSÉ GABRIEL RODRÍGUEZ PAZOS
ILUSTRACIÓN CaMiNaNTe

Hace cosa de quince años, un inesperado giro en mis circunstancias profesionales me permitió comenzar a dedicarme a mi gran pasión: la traducción literaria. Bueno, a tiempo parcial —muy parcial—, porque, como bien expone Amelia Pérez de Villar en su iluminador ensayo *Los enemigos del traductor. Elogio y vituperio del oficio*, esta maravillosa profesión difícilmente da para comer y, desde luego, no da para cenar.

Una década antes, mi prestigioso y laureado colega Juan Gabriel López Guix —Premio Nacional a la Obra de un Traductor 2022— tuvo el detalle de dedicarme un artículo titulado *In principio*, en la revista en línea que el Centro Virtual Cervantes dedica a la traducción, *El Trujamán*. La dedicatoria rezaba «A José Gabriel Rodríguez Pazos, que preguntó», y a renglón seguido el artículo comenzaba: «¿Cómo hacer para empezar a traducir?». A Juan Gabriel lo conocí el 2 de diciembre de 1998 en la Universidad de Zaragoza, donde yo hacía mi doctorado y él participaba —junto a otro gigante de la traducción literaria, Carlos Fortea, al que también he tenido el placer de tratar— en la mesa redonda «El oficio de traducir», en el marco del X Seminario Susanne Hübner. Recuerdo que la cosa acabó como el rosario de la aurora, con un acalorado enfrentamiento entre los académicos puros y quienes tenían un pie en la universidad y otro en la profesión. Le escribí días después para hacerle esa pregunta que lo llevó a escribir el artículo de *El Trujamán*. Me contestó muy cordialmente y, en referencia a lo sucedido en la mesa redonda, me dijo que se había sentido «como elefante en cacharrería».

Además de muy útiles consejos, el artículo contenía el siguiente comentario: «Sin duda, la suerte y la oportunidad no son factores desdeñables; y el estar en el momento justo explica el ser de un buen número de traductores». Ese fue mi caso: seguí casi al pie de la letra aquellos consejos, hasta que tuve la suerte de conocer a un escritor que pidió a su editorial que me escucharan, en el momento justo en el que estaban buscando un traductor para dos libros cuyas versiones en español van por la sexta edición. Y una vez que has demostrado la capacidad de realizar traducciones de calidad, todo va rodado.

« Sin duda, la suerte y la oportunidad no son factores desdeñables; y el estar en el momento justo explica el ser de un buen número de traductores. »

Pero esta historia no acaba ahí. Hace un par de años, acudí a la Institución Libre de Enseñanza, para asistir a una jornada dedicada a la traducción, dentro del ciclo Encuentros Profesionales, organizado por José Antonio Millán. Mi interés era doble: escuchar a verdaderos maestros hablar del oficio del traductor literario y saludar a uno de ellos, Juan Gabriel López Guix, para contarle la historia de aquel doctorando que aspiraba a ser traductor y que le había preguntado «¿Cómo hacer para empezar a traducir?». El fruto de aquel reencuentro fue otro *trujamán* con el sugerente título de *Semillas*, en el que Juan Gabriel me trataba, veintitantos años después, como colega: «El reencuentro en la Institución Libre de Enseñanza tuvo un punto de emoción, aumentada por el hecho de que se produjera en el marco de un "encuentro de profesionales" donde prácticamente todos éramos traductores».

Pues sí, puedo decir con orgullo que, gracias a un poco de suerte, un poco de oportunidad y un mucho de trabajo, soy traductor, una profesión muy desagradecida en lo pecuniario, pero que me ha dado grandes satisfacciones. Y como no quiero hacer de este artículo un texto reivindicativo, me voy a centrar en las satisfacciones.

*

Siempre he dicho, por experiencia, que la lectura más profunda que se puede hacer de un texto es la que hace el traductor. En su opúsculo *Why Translation Matters*, Edith Grossman —traductora al inglés del *Quijote* y de autores como Vargas Llosa o García Márquez— dice que el traductor de una obra literaria escribe con la esperanza de que quienes lean la traducción perciban el texto, emocional y artísticamente, de un modo que se corresponda con la experiencia estética que han experimentado los lectores del texto original. Añade que, para que esto se dé, el traductor debe desarrollar un profundo sentido del estilo en ambas lenguas, del impacto emocional que tienen las palabras. Y concluye que ese esfuerzo no es distinto del que tiene que hacer el escritor del texto original. La diferencia —esto lo digo yo— es que los traductores escribimos con la falsilla que nos proporciona el original. Al final, los traductores somos enanos —yo así me veo— que tienen el privilegio de ir a hombros de gigantes: una posición que nos permite divisar horizontes con los que jamás habríamos soñado.

Todo privilegio conlleva, no obstante, una responsabilidad y, una vez avistados esos nuevos horizontes, hemos de esforzarnos por descubrir qué elementos contribuyen a producir una determinada emoción —la selección del léxico, el ritmo de la prosa...— y ser capaces de trasladar esos elementos, ahormándolos a otra lengua, de manera que produzcan una emoción similar. Ese ejercicio de meterse en los entresijos del texto original para entender los mecanismos que lo rigen produce un gozo estético que difícilmente proporcionarán otras lecturas. Y cuando los textos con los que te peleas son de buenos escritores, esa pelea es adictiva y tu vida con el escritor —porque el traductor *vive* durante meses con el escritor— acaba produciendo un peculiar síndrome de Estocolmo. No lo digo en broma.

*

Supongo que no soy el único traductor que defiende a sus autores a capa y espada y que les disculpa todo. Más, si están vivos y uno tiene la oportunidad de comunicarse con ellos, en un intercambio que es siempre enriquecedor. Eso es lo que me pasó a mí con Tim Gautreaux, del que he tenido el placer y el honor de traducir todas las obras publicadas hasta el momento.

La historia comenzó hace una década, en el norte de España, donde fui a visitar a un amigo, Víctor García Ruiz, catedrático de literatura. Enterado de mi nuevo oficio de traductor, me preguntó si conocía a este escritor de Luisiana —cajún, por más señas—, que no se había traducido todavía al español. Yo no había oído hablar de él, pero le dije que me leería toda su obra, que no es muy extensa: tres colecciones de cuentos y tres novelas. Desde el primer relato de la primera colección de cuentos, me atrapó su prosa sencilla y la profundidad de los personajes y las historias. Me enteré entonces de que había nacido en 1947 en Morgan City, Luisiana, que su padre había sido capitán de un remolcador y que se había criado en el ambiente de trabajadores manuales que abunda en su narrativa. Supe también que, en 1969, se había graduado en literatura en la Nicholls State University de Thibodaux (Luisiana) y que después se había trasladado a la University of South Carolina para hacer su tesis doctoral con el poeta James Dickey. En 1972 comenzó a trabajar como profesor de literatura y escritura creativa en la Southern Louisiana University de Hammond y, en 1977, fue uno de los doce alumnos seleccionados por Walker Percy para participar en el seminario de escritura creativa que el escritor impartió en la Loyola University de Nueva Orleans. Gautreaux se ha referido con frecuencia a ese seminario como el punto de partida de su carrera de escritor y a Walker Percy como el autor que, probablemente, más le ha influido. Y a partir de ahí, comenzó a escribir y comenzaron las distinciones y los premios.

En cinco ocasiones, entre 1992 y 2000, sus cuentos fueron seleccionados para su publicación en el prestigioso volumen anual *Best American Short Stories* —algo que no ha conseguido todavía ningún otro escritor— y, en el año 2000, en un artículo publicado en *Hudson Review*, Susan Balée se refirió a Tim Gautreaux como uno de los tres mejores escritores de cuentos del momento en Estados Unidos. Entre los premios con que ha sido galardonado, destaca el premio a la novela del año de la Southeastern Booksellers Association, por su primera novela, *The Next Step in the Dance*, en 1999. En 2005, Tim Gautreaux ganó el John Dos Passos Prize y, en 2009, el Louisiana Writer Award. ¡Casi nada! Descubrí después que una profesora universitaria, Margaret Donovan Bauer, había dedicado un libro —publicado en 2010 con el título de *Understanding Tim Gautreaux*— a analizar la obra de este autor, lo que acabó de confirmarme que, efectivamente, no estábamos ante un escritor cualquiera.

Así que, después de preguntarme cómo era posible que una literatura de esa calidad no hubiera sido traducida todavía —pregunta a la que quizás podrá responder algún editor: el mundo editorial tiene mucho de apuesta—, sentí que yo tenía una cierta obligación moral de hacer todo lo que estuviera en mi mano por poner a disposición del público hispanohablante la obra de este autor sobresaliente. Junto con mi amigo Víctor diseñé un plan de acción que consistió, básicamente, en seleccionar un par de editoriales independientes de mucho fuste, en las que teníamos algún contacto. Excuso decir que hay más probabilidades de que a uno le toque el 11/11 de la ONCE que de que alguien te haga caso en una editorial si vas a puerta fría. Y me refiero a editoriales independientes: de los grandes grupos editoriales, mejor no hablar. Una vez seleccionadas esas dos editoriales, pensamos que había que llamar a su puerta con una tarjeta de visita, que se materializó en la traducción de un par de cuentos del primer libro de relatos. La primera editorial ni nos abrió la puerta. La segunda sí nos abrió la puerta, pero nos dijo que el autor no les encajaba; todo muy cordialmente, lo cual los honra y se agradece.

En las grandes carambolas de mi vida siempre han intervenido amigos (a mi mujer la conocí en una fiesta que organizó un amigo), y en este caso no fue distinto. La historia que había empezado con la referencia de Gautreaux que me dio mi amigo Víctor continuó con la referencia de Phil Camino que me sugirió mi amigo Álvaro

Lucas, periodista y profesor. Álvaro había invitado a la universidad en la que trabaja a Phil Camino, escritora, editora y dueña de La Huerta Grande, una editorial que apenas contaba entonces con tres años de vida y que este año celebra su primera década con un catálogo más que notable. Álvaro coincidía conmigo en que Gautreaux era un escritor excepcional y que podía encajar muy bien en La Huerta Grande. Dicho y hecho, enviamos los cuentos a Phil, nos contestó que le interesaba todo y concertamos una reunión. De ese primer encuentro salió el objetivo de publicar la traducción del primer volumen de relatos, publicación que estuvo precedida de la no fácil tarea de localizar al agente literario de Gautreaux y negociar con él, lo cual se prolongó durante casi seis meses. *El mismo sitio, las mismas cosas* vio la luz a principios de 2018 y, poco después, se publicó una reseña en *Babelia-El País*, firmada por José María Guelbenzu y titulada *Oro molido*. Supongo que a Phil le faltó tiempo para hacerse con los derechos de publicación en español del resto de la obra de Tim Gautreaux, porque una reseña tan encomiástica de un autor desconocido en España no iba a dejar indiferente a la competencia. Vamos, digo yo. El caso es que no tardé mucho en recibir una propuesta de La Huerta Grande para traducir toda la obra de Gautreaux, que se publicaría entre 2019 y 2025, en el orden cronológico de publicación de los textos originales. Siguió, pues, en 2019, la primera novela, *El paso siguiente en el baile*, que va por la tercera edición, y de cuya lectura dijo Andrés Ibáñez en *ABC Cultural* que lo había hecho feliz.

Y otro libro, y otro y, así, hasta concluir la traducción de la tercera colección de cuentos, *Signals*, que acabo de entregar y que se publicará en 2025: casi ocho años «secuestrado» por Tim Gautreaux e inmerso en una gozosa pelea con sus magníficos textos. He de decir que en este camino me he sentido muy apoyado tanto por el escritor como por mi editora, y eso es muy importante. El de traductor es un oficio eminentemente solitario, en el que se agradece mucho el aliento de quien confía en ti y valora tu trabajo.

*

Phil es una editora de los pies a la cabeza, que lee tanto el original como el manuscrito de mi traducción, con ese respeto casi reverencial que caracteriza a quienes están enamorados de los libros. No me cupo duda de que en La Huerta Grande están enamorados de los libros cuando tuve en mis manos el primero. No es solo el texto, sino también el libro como objeto: la maquetación, el diseño de portada de Patricia, las guardas de color, la calidad y la textura del papel, la cuidada impresión de Gracel —auténtica *arte gráfica*—, el olor... Los libros, como la comida, entran también por los ojos, y por el tacto y el olfato.

Como digo, Phil lee mis traducciones de principio a fin: detecta erratas, sugiere cambios y, en las contadas ocasiones en las que discrepamos, deja que sea yo quien tenga la última palabra. Tim Gautreaux, por su parte, ha respondido siempre cumplidamente a todas las preguntas que le he hecho, y raro ha sido el correo en el que no acababa agradeciéndome el cuidado con el que siempre he procurado tratar sus textos. Evidentemente, el enriquecedor intercambio que el traductor puede mantener con el editor y el escritor, cuando hay una relación fluida, no tiene precio, y siempre contribuye a una mayor calidad de la versión final.

Un caso muy claro de ese enriquecedor diálogo ha sido el de los títulos de las obras. **Dada la relevancia comercial que tienen las palabras que presentan la obra al potencial lector, me parece que el título tiene que ser una decisión editorial.** Así lo he transmitido al entregar cada libro, junto a alguna sugerencia, por si ayudaba. Hay casos en los que lo más adecuado es una traducción literal del título de la obra original, pero eso no funciona siempre y, entonces, hay que darle al magín para encontrar un buen título, que refleje bien la esencia de la obra y que tenga tirón comercial. Eso fue lo que sucedió con la segunda colección de cuentos, que se titula *Welding with Children* y que, finalmente, se tradujo como *Todo lo que vale*. El título del original es el del cuento epónimo que abre la colección, y la versión en español del

primer cuento tiene también el mismo título que el del volumen: *Todo lo que vale*. El relato cuenta la historia de un abuelo que tiene que quedarse con sus cuatro nietos y, además, soldar el bastidor de un somier que le lleva su hija mayor. El título del original viene de que el abuelo se lleva a los nietos a su taller e intenta soldar el bastidor acompañado de los críos. Después de que en un par de ocasiones los niños estén a punto de provocar un accidente, decide que «mejor dejaba de soldar nada con niños alrededor» (14). Una traducción literal al español del título original, *Soldando con niños*, planteaba, al menos, un par de inconvenientes. En primer lugar, el español es mucho más restrictivo que el inglés en el uso del gerundio: suena menos natural en español que en inglés y provoca al lector del español más extrañeza que al del inglés, aunque cada vez menos, porque este particular anglicismo se nos está colando en la lengua castellana. Por otro lado, Soldando con niños no parecía un título muy adecuado desde el punto de vista comercial. Así pues, decidimos tomar, tanto para el título del primer cuento como para el del volumen, una frase que dice un tal señor Fordlyson, durante una conversación que mantiene con el abuelo protagonista de la historia sobre el mejor modo de educar a sus nietos. Al final de la conversación, cuando ya se va, y ante la reticencia del abuelo para poner en práctica los consejos que le da, Fordlyson le dice: «todo lo que vale duele» (31). Tanto a Phil como a mí nos pareció que *Todo lo que vale* era un título muy evocador, y así lo corroboraron los comentarios que me llegaron cuando el libro ya estaba en las librerías. Además, este tipo de cambios deben contar con la aproba-

ción del agente literario y del escritor, y a ambos les pareció muy bien.

*

De mi correspondencia con Tim Gautreaux guardo los numerosos correos que nos hemos escrito a lo largo de estos años. En uno de ellos, muy divertido, yo le planteaba uno de esos casos de intraducibilidad por cuestiones culturales —culturales y fonológicas, en este caso—, que ponen a prueba la pericia del traductor. Me sucedió con un pasaje de la novela *The Next Step in the Dance* —traducida al español como *El paso siguiente en el baile*—, una novela que nos cuenta los encuentros y desencuentros de dos jóvenes esposos, Colette y Paul, que atraviesan una profunda crisis matrimonial. En una ocasión, Paul se encuentra en un bar y el camarero que está en la barra se acerca a él y le cuenta un chiste:

> The stoop-shouldered bartender came up and squeezed him on the arm, beginning a joke. "You know how to make Mogan David wine?"
>
> "No."
>
> "You pinch him on the nuts." The old man let out a long, rattling laugh, bent down at the knees, and then crab-walked off (67).

El camarero le pregunta a Paul, literalmente, si sabe cómo se hace el vino Mogan David, una marca que se corresponde con el nombre de una persona, como en el caso del *whisky Jack Daniel's*, por ejemplo. El chiste se basa en la pronunciación casi idéntica de «wine» [wain], «vino», y «whine» [(h)wain], que en este contexto significaría algo así como «gemir de dolor»: solo difieren en la hache aspirada de «whine», que en ocasiones es imperceptible. Gautreaux altera levemente el nombre de una marca de vino estadounidense —el vino se llama en realidad Mogen David— y pone en boca del camarero —o eso es lo que parece inicialmente— la pregunta por la elaboración de ese vino. Cuando Paul le responde que no, porque entiende que le está preguntando por el proceso de elaboración del vino, el camarero explica cómo producirle ese gemido de dolor al tal Mogan David: pellizcándole («pinch») las pelotas («nuts», que es un modo vulgar de referirse a los testículos). El texto me planteaba dos problemas. Por un lado, la referencia a un vino que incluso el lector del texto original podría no conocer, aunque la primera parte del chiste deja claro que se trata de una marca de vino, y esto quedaría claro también en la traducción. El segundo y verdadero problema es el juego de palabras que propicia la similar pronunciación de «whine» y «wine», que es intraducible. A fin mantener la mayor fidelidad posible al original, me pareció que debía trasladar los dos elementos en los que se basa el chiste del original: un juego de palabras basado en una pronunciación similar y la típica referencia humorística a los testículos, para lo que en español no tenemos excesivo problema. Así se lo transmití a Tim, a quien le pareció muy bien que utilizara «any silly *cojones* joke», es decir, cualquier chiste tonto referido a los *cojones*. Recordé entonces uno en el que se juega con la similar pronunciación de la expresión «de Pilatos» y el adjetivo «depilados». Además, aquí también había una referencia cultural —el vino Mogen David es una referencia cultural— que, en este caso, es bien conocida en países

de cultura cristiana. La traducción quedó así:

> El camarero —un hombre de edad avanzada y cargado de espaldas— se acercó, le apretó el brazo y comenzó su chiste:
>
> —¿Sabes por qué los romanos de tiempos de Jesucristo no tenían pelos en las piernas?
>
> —No.
>
> —Porque estaban de Pilatos hasta los cojones.
>
> El camarero estalló en una sonora y prolongada carcajada, flexionó las piernas y se alejó caminando de lado (93; cursiva como en el original).

*

Por último, me voy a referir al que ha sido probablemente el aspecto más duro del «cautiverio» al que me han sometido las obras de Gautreaux: la fascinación que sobre él ejercen los mecanismos y, muy especialmente, la maquinaria antigua. En diversas entrevistas, Tim Gautreaux ha contado que su mujer dice que el único motivo por el que él escribe ficción es para poder hablarle a la gente de maquinaria antigua. No creo que sea solo por eso, pero lo cierto es que en su obra nos encontramos por doquier con motores de vapor, calderas antiguas, las tripas de un piano y su proceso de afinación...

Gautreaux ha dicho también que concibe el texto como un mecanismo en el que no puede faltar ni sobrar nada, lo mismo que en un motor no sobran ni faltan piezas, sino que todas tienen una función perfectamente definida. Pienso que ese es el motivo por el que su prosa es tan rítmica, fluye tan bien y suena tan poética en ocasiones. Y también pienso que es esa concepción de la escritura, y esa cuidada selección de elementos que cumplen siempre una función precisa, lo que hace que sus cuentos, sus relatos cortos, sean tan redondos y tengan, en muchos casos, la belleza de un poema.

El problema de las «maquinitas», sobre todo las antiguas, es que requieren mucha investigación. Solo mis queridos colegas traductores entenderán en su justa medida lo que quiero decir cuando digo que una novela traducida tiene detrás muchas, pero que muchas, horas de investigación. Referencias históricas, lugares, personas, expresiones, costumbres..., ¡maquinitas! Los traductores dedicamos buena parte de nuestro tiempo a investigar. Y los traductores del siglo XXI lo tenemos infinitamente más fácil que quienes nos precedieron, porque ahora la investigación la puedes hacer sin moverte de la silla. En tiempos, había que ir a bibliotecas, hablar con especialistas, lugareños..., y el traductor tenía que hacer una auténtica labor detectivesca, o pasar de todo y conformarse con un churrete de traducción. En este sentido, los traductores que tenemos un pie en la traducción profesional y otro en la universidad no entendemos que no se reconozca ese trabajo en los kafkianos procesos de acreditación a los que nos vemos sometidos. Desde luego, no se entiende que por un artículo sobre temas que solo interesan a cuatro expertos te den la máxima puntuación, si consigues colocarlo en una revista de cuartil 1, y, sin embargo, por la traducción de una novela de seiscientas páginas que

leen miles de personas y que tiene detrás —literalmente— cientos de horas de investigación, no te den ni las gracias. Pero bueno, este es un tema que daría para otro artículo —o para una serie de artículos— y en el que no voy a entrar aquí. He dicho que no iba a ser reivindicativo.

Estábamos hablando de las maquinitas de Gautreaux, y recuerdo el reto que me supuso traducir una escena de *El paso siguiente en el baile*, en la que, para asesinar a Paul, le encargan la reparación de una caldera antigua y, cuando está dentro, cierran la escotilla y ponen la máquina en funcionamiento. Y tú te tienes que meter con Paul en las tripas de la caldera y trasladar todo lo que ves al español, en términos de paneles de tubos, pernos y tuercas, válvulas de seguridad, indicadores de nivel, conductos de diverso tipo, atomizadores de fueloil..., ¡y explicar cómo funciona todo! La escena es una obra maestra que produce claustrofobia al lector y sudores al traductor.

Pero no menos desafiante fue meterme en los intersticios de un piano, en ese cuento antológico que es *El afinador de pianos*, incluido en el volumen *Todo lo que vale*. Para el que suscribe, cuya máxima hazaña musical ha sido interpretar *Vickie el vikingo* a la flauta —los de mi generación saben a qué me refiero—, no es fácil entender y traducir un proceso de afinación por quintas y por octavas, en el que interviene un la 440 —esto sí me sonaba, del grupo de Juan Luis Guerra—, macillos, clavijas, apagadores y una cuña silenciadora. Afortunadamente, como he dicho, en internet está casi todo, si uno se remanga y le dedica tiempo.

Además, siempre hay algún amigo o cuñada que sí pasó de *Vickie el vikingo*.

Lo cierto es que he perdido la cuenta de la cantidad de vídeos, planos y manuales que he tenido que consultar para poder traducir esas descripciones minuciosas y técnicas con las que Gautreaux dice que quiere conseguir una textura, un ambiente, que meta al lector en la historia. Y lo logra. ¡Ya lo creo que lo logra!

*

Releo lo que he escrito sobre Tim Gautreaux en estas líneas y entiendo que alguien pueda percibir un excesivo entusiasmo, sin sombra de crítica, y que diga que estoy un tanto abducido por el autor. No lo niego, y creo que el título que he dado a este artículo es prueba de mi honradez. El síndrome de Estocolmo es bastante inevitable después de ocho años de secuestro, pero, con síndrome o sin él, siempre me quedará la satisfacción de haber dado voz en español a un escritor de muchos quilates. Y lo de los quilates no lo digo solo yo.

Referencias bibliográficas

- Balée, S. (2000). Maximalist Fiction. *Hudson Review*, 53(3), 513-520. https://www.jstor.org/stable/3853050
- Bauer, Margaret Donovan (2010). *Understanding Tim Gautreaux*. University of South Carolina Press.
- Gautreaux, Tim (1996). *Same place, same things*. St. Martin's Press.
- Gautreaux, Tim (1998). *The Next Step in the Dance*. Picador.
- Gautreaux, Tim (1999). *Welding with Children*. Picador.
- Gautreaux, Tim (2003). *The Clearing*. Alfred A. Knopf.
- Gautreaux, Tim (2009). *The Missing*. Alfred A. Knopf.
- Gautreaux, Tim (2017). *Signals*. Vintage Books.
- Gautreaux, Tim (2018). *El mismo sitio, las mismas cosas* (Trad. José Gabriel Rodríguez Pazos). La Huerta Grande.
- Gautreaux, Tim (2019). *El paso siguiente en el baile* (Trad. José Gabriel Rodríguez Pazos). La Huerta Grande.
- Gautreaux, Tim (2021). *Todo lo que vale* (Trad. José Gabriel Rodríguez Pazos). La Huerta Grande.
- Gautreaux, Tim (2022). *Luisiana, 1923* (Trad. José Gabriel Rodríguez Pazos). La Huerta Grande.
- Gautreaux, Tim (2024). *Desaparecidos* (Trad. José Gabriel Rodríguez Pazos). La Huerta Grande.
- Grossman, Edith. (2010). *Why translation matters*. Yale University Press.
- Guelbenzu, José María (2018, 10 febrero). *Oro molido*. Babelia (El País), 9-9.
- López Guix, Juan Gabriel (2000, 17 mayo). *In principio*. El Trujamán. https://cvc.cervantes.es/trujaman/anteriores/mayo_00/17052000.htm
- López Guix, Juan Gabriel (2022, 5 octubre). Semillas. *El Trujamán*. https://cvc.cervantes.es/trujaman/anteriores/octubre_22/05102022.htm
- Nisly, L. Lamar (Ed.). (2012). *Conversations with Tim Gautreaux*. University Press of Mississippi.
- Pérez Villar, Amelia (2019). *Los enemigos del traductor. Elogio y vituperio del oficio*. Fórcola.

Impresiones: Toledo y las pinceladas de un viaje

POR JAIME MORALEDA MORALEDA

> *Me duele ver que viaja y no escribe, que observa y no apunta, no ordena, ni deduce, y que se fatiga y no coge fruto, ni para sí, ni para otros.*
>
> Gaspar Melchor de Jovellanos,
>
> *Carta a Carlos González de Posada*, 1805.

Con estas palabras exponía Jovellanos la actitud de quienes no optimizaban la "disciplina" de saber viajar, de sacar provecho y utilidad a la experiencia del viaje. Tal propósito de instrucción individual fraguó la motivación de numerosos artistas que recorrían las más enriquecedoras ciudades de Europa, donde sus actividades se promovían con más dedicación, con el objetivo de perfeccionar una formación distinguida y de excelencia. Por consiguiente, fueron muchos los artistas que, desde finales del siglo XIX, se aventuraron con determinación a un "correr a cortes" en busca de inspiración y conocimiento, de nuevas propuestas y experiencias a partir de las cuales construir su obra pictórica. Esta iniciativa se cimentaba sobre aquellos objetivos académicos y racionales que, desde el siglo XVIII, habían contribuido a la exploración de las tierras del viejo continente bajo el fenómeno conocido como el *Grand Tour*. En España, uno de los proyectos que mejor encarnó la idea del viaje ilustrado fue la obra del académico Antonio Ponz (1725-1792) *Viaje de España* (1772-1792). Este trabajo condujo a una nueva manera de aprender, impulsada por la experiencia transformadora del viaje, similar al enfoque adoptado por el arquitecto Isidro González Velázquez (1765-1840), quien reunió un numeroso conjunto de dibujos sobre su estancia formativa en Italia, como garantes de su experiencia y su compromiso con el conocimiento de la antigüedad, en su doble faceta de estudioso y viajero.

Inaugurado el siglo XIX se abría paso una nueva sensibilidad artística, una renovada motivación con la que excitar el espíritu más que apelar a la razón; una vivencia personal que enriquecía las emociones del alma. En este contexto, fue emergiendo la idea de España a través de la interpretación de sus ciudades y paisajes, plasmados en dibujos, pinturas y trasladados a la estampación de numerosas publicaciones periódicas que hicieron cada vez más apetecible el contacto con un territorio desconocido por muchos o, en el mejor de los casos, distorsionado. En este sentido se expresaba Patricio de la Escosura (1807-1878) al quejarse de *la ignorancia de unos y la mala fe de otros* en cuanto a las cosas de nuestra patria, en cuyas numerosas notas procuró refutar en adelante las ideas equivocadas sobre España.

Los pintores románticos, impulsados por la experiencia sensorial derivada de su imaginación creativa, continuaron acumulando notas y vistas de lugares exóticos, que se convirtieron en objetivos esenciales para sus propuestas artísticas. Rastrear la trayectoria de estos viajeros a través de sus itinerarios implica capturar un instante decisivo en su proceso de formación. Contextualizar su producción, reflejada en sus dibujos, es también una forma de experimentar una suerte de inmortalidad, conectando con la esencia efímera y transitoria de una época.

España, reconocida por muchos como una de las cunas culturales del romanticismo decimonónico, había dejado una huella imborrable en numerosos combatientes ingleses que contribuyeron a la victoria española frente el invasor francés, así como en otros muchos pueblos que recibían con sorpresa y admiración las noticias del arrojo en la defensa de la nación frente a las ínsulas de poder napoleónicas. Lord Byron (1788-1824), célebre poeta de origen británico, calificaba a España como *el país romántico por excelencia*. Sus evocaciones y relatos contribuyeron a atraer a los primeros pintores viajeros, cuyos bocetos sentaron las bases para futuras interpretaciones pictóricas de profundo impacto.

Tras lo expuesto, detengamos nuestro viaje en un lugar concreto. El lugar es Toledo, la vetusta urbe castellana que imantó a los pintores románticos desde principios del siglo XIX y que fue forjando su imagen de ciudad desde el bálsamo de lo pintoresco, que tan del agrado era del publico inglés de aquellas décadas. La imagen de Tole-

1. David Roberts, *Vista de Toledo y el río Tajo*, 1840. ©The Royal Collection Trust (Londres)

dian el testigo de un esplendoroso pasado, ahora sumido en el abandono y la ruina. El contraste marcado de luces en las construcciones del primer plano realza la composición, donde unos personajes parecen deleitarse contemplando un inquietante amanecer. La tabla fue un encargo de la reina Victoria (1819-1901) como regalo de cumpleaños para su esposo el príncipe Alberto de Sajonia (1819-1861), quien había admirado las obras expuestas por Roberts en la exposición de la Royal Academy de ese mismo año. (Fig. 1)

El pintor escocés había llegado a España en 1833, de cuya experiencia tomó cientos de dibujos que después utilizó como fuente de inspiración para otras obras de mayor formato, dirigidas al exclusivo mercado inglés. Asimismo, la proliferación de libros de viaje ilustrados permitió que sus dibujos, reproducidos mediante estampación, difundieran en un entorno burgués más amplio la necesidad de conocer una nación rica en exóticos matices culturales. Un ejemplo destacado fue la empresa editorial de Thomas Roscoe, *The Tourist in Spain*, publicada en 1836, que combinaba litografías basadas en los dibujos de Roberts con entretenidas anécdotas y datos aportados por avezados viajeros.

do se adecuaba de manera impecable al anhelo de capturar una sensibilidad imaginativa del pasado, a menudo de carácter intuitivo, con un énfasis particular en la evocación de la Edad Media. Este interés se veía intensificado por las representaciones de ruinas y escarpados paisajes, que reforzaban la dimensión fantástica y nostálgica de un heroico tiempo pretérito.

Esta atmósfera nostálgica dio forma a una de las primeras vistas románticas de la ciudad, inmortalizada por David Roberts en 1840. La escena corresponde a una vista del río Tajo frente al puente de Alcántara, junto a los restos del artificio de Juanelo, donde la aterciopelada luz dorada se refleja sobre las aguas, cuyas agrestes riveras, envueltas en una espesa bruma, custo-

La estela artística que dejó Roberts en el contexto pictórico español fue continuada por el ferrolano Genaro Pérez Vallaamil (1807-1854), quien aprendió del escocés una renovada estética sublime en la representación del paisaje natural y urbano, y de igual modo asimiló la exitosa industria del libro de viajes, con lo que contribuyó a difundir la imagen del país como destino de un creciente número de viajeros. La afinidad romántica por recrear la "memoria" de la historia de España a través del arte es el germen de su proyecto editorial *La España artística y monumental* (1842-1850), editada en colaboración con Patricio de la Escosura (1807-1878). En el primer volumen el protagonismo de las arquitecturas de Toledo es más que evidente, con dieciocho litografías entre las que encontramos también las firmas de artistas locales como Cecilio Pizarro (1818-1886) y Blas Crespo (1804-1879). La creciente fama de Villaamil atrajo a numerosos mecenas extranjeros que adquirieron sus obras con el propósito de llevarse a sus países de origen una representación de España. Entre ellos destacan los encargos realizados para el barón Isidore Taylor (1789-1879) y las vistas monumentales creadas para el embajador británico George Villiers (1800-1870). Este último conjunto, compuesto por cuarenta y dos óleos sobre hojalata, realizados alrededor de 1835, está dispuesto en un díptico simétrico, coronado por arquivoltas ojivales, cuya hoja derecha está dedicada íntegramente a Toledo. (Figs. 2-3)

La ciudad castellana encarnaba a la perfección el ideal romántico de una urbe medieval, encaramada a un risco infranqueable y definida por la impronta de su contexto multicultural, aún palpable en gran parte de su patrimonio monumental. Villaamil pronto centró su atención en los edificios de estética gótica y mudéjar, abordándolos con una marcada subjetividad que acentuaba su carácter sublime y exótico. Este enfoque se integraba con la evocadora atmósfera que emanaba del intrincado laberinto de sus calles, donde, a cada paso, se evidenciaba la condición de ruina parcial de sus monumentos. Por aquel entonces, Toledo era *una ciudad en declive*, como bien lo reflejó David Wilke tras pasar dos días en Toledo en 1827. No obstante, la pobreza de sus calles y el letargo social contrataba con *la magnificencia de sus templos*, lo que complacía sobremane-

2. Genaro Pérez Villaamil, *Calle del Comercio*

3. Genaro Pérez Villaamil, *Calle de Santo Tomé*

ra a una clientela que apreciaba la visión pintoresca del paisaje.

Las detalladas descripciones del patrimonio toledano realizadas por Villaamil y Escosura estaban dirigidas, en gran medida, a un público extranjero, con el propósito de refutar las críticas que subestimaban el valor monumental de la ciudad y que, entre otros, habría expresado en sus escritos Thomas Roscoe en *The Tourist in Spain*. En consecuencia, la edición de su obra *La España artística y monumental* se presentó con un texto bilingüe, en español y francés, lo que propició mayores repercusiones internacionales a nivel editorial, y fomentó el interés por el *viaje a España*. Como consecuencia de aquellos recursos hemos de sugerir la llegada de numerosos viajeros, aún más abundantes tras 1864, cuando se inauguró el ferrocarril que unía las capitales francesa y española, lo que ponía a Toledo al alcance de los más experimentados viajeros. Muchos venían con conocimientos previos respecto de las características del país, tal y como escribe Théophile Gautier (1811-1872) en su *Viaja a España* de 1840, donde comenta la lectura previa de las obras de Alfred de Musset (1810-1857) y Prosper Mérimée (1803-1870).

Décadas antes hubo de visitar Toledo Julien Léopold Boilly (1796-1874), un destacado litógrafo, ilustrador y pintor francés, hijo del célebre pintor Louis-Léopold Boilly (1761.1845). Su obra, relativamente desconocida, abarca una amplia variedad de temas y demuestra una notable especialización en retratos, escenas de género y vistas urbanas. Este enfoque reflejaba las enseñanzas de su padre, quien, a principios de siglo, mostró un interés particular por representar la realidad

La visión de Toledo que Boilly nos presenta se enmarca en una escena costumbrista que recuerda las representaciones parisinas de su padre

de las calles de París, alejándose de las habituales y manidas escenas del ámbito burgués privado. Se desconocen con precisión tanto la fecha exacta de su estancia en España como el itinerario detallado de su viaje. Sin embargo, es evidente su ferviente pasión como pintor-viajero, tal como se recoge en el *Diccionario biográfico internacional de escritores y artistas del siglo XIX* de 1890, donde se anota que *de sus viajes por toda Europa le prestaron gran erudición artística*. De su producción dedicada a temas españoles, solo se conocen dos lienzos: uno representa una vista exterior de la catedral de Sevilla, con los muros de la Sacristía Mayor como fondo del entramado de calles, y el otro, una vista de la Puerta del Sol de Toledo, tomada desde la subida a Bab al-Mardum. A pesar de ello, sigue siendo un pintor relativamente desconocido, cuya notoriedad se debe en mayor medida a su obra como grabador.

El análisis detallado de esta última obra nos ha permitido plantear una hipótesis de datación basada en el sello de tinta estampado en el reverso del lienzo. La lectura y el formato de este sello han facilitado la identificación de la casa comercial donde fue adquirido, fundada en París por Michel Belot alrededor de 1764. Tras años de actividad comercial, el formato del sello visible en el lienzo se asocia con la etapa en que el establecimiento estuvo ubicado en la rue de l'Arbre-Sec, número 3, lo que corresponde al periodo comprendido entre 1806-1824, tras el cual cerró definitivamente. Aunque el lienzo hubiera sido adquirido con anterioridad al viaje por España y a la realización de

4. Julien Léopold Boilly, La Puerta del Son en Toledo, ca. 1820-1825.
© Colección Jaime Moraleda

la pintura, podemos movernos en una horquilla aproximada que dataría la obra entre 1820-1825.

La visión de Toledo que Boilly nos presenta se enmarca en una escena costumbrista que recuerda las representaciones parisinas de su padre, caracterizada por una meticulosa atención al detalle y un uso exquisito de colores vibrantes. Sin embargo, el contexto cambia por completo: el escenario es ahora la ciudad de Toledo, cuyo patrimonio de tradición mudéjar se convierte en el telón de fondo principal. Destaca especialmente la puerta del Sol, descrita como grandiosa en las anotaciones de Gautier, que asume el papel de protagonista "oriental" en esta composición. Las proporciones son aún cercanas al natural, sin las deformaciones subjetivas que caracterizarán al romanticismo en sus próximas manifestaciones, pero existe una ruptura respecto de la moralizante manera de exponer la vida bajo el prisma ilustrado, ahora desprovisto de toda reflexión ética, centrando su objetivo en los detalles cotidianos. El descanso de un zagal sobre el machón junto a la muralla, el encuentro de dos mujeres que afanan en sus tareas diarias, la reverencia de una niña ante la presencia de un sacerdote con sombrero de canal, o el arduo trabajo de arrieros y campesinos; todo ello abordado con una sensibilidad que enaltece la dignidad de lo cotidiano, transformándolo en un tema digno de ser narrado desde la perspectiva artística. Cabe mencionar la presencia de unos perros en la escena, un detalle recurrente en la obra de su padre, a quien podemos considerar su principal maestro e influencia artística.

El protagonismo del paisaje urbano como fondo de la escena, tratado de manera realista en cuanto al patrimonio artístico de la ciudad, anticipa los modelos que Villaamil desarrolló para promover su rica historia. La puerta del Sol se nos muestra íntegra, iluminada por una potente luz que deja a la vista las cicatrices de su pasado, entre cuyos descarnados muros crece la maleza impasible al paso del tiempo.

Un año después de la muerte de David Roberts, en 1864, y coincidiendo con la inauguración de la nueva vía férrea hacia el corazón de España, se tiene constancia de la visita a Toledo del pintor belga Joseph Maswiens (1828-1880). Reconocido por sus minuciosas representaciones de interiores de iglesias y su excepcional habilidad para capturar la luz, Maswiens se había formado bajo la guía de Victor-Jules Génisson (1805-1860), quien en su tiempo se había ocupado en viajar por los países de Europa occidental con el fin de tomar los modelos originales que luego reinterpretaba en sus lienzos con un enfoque más imaginativo. La imagen de un entorno exótico y misterioso seguía siendo una constante en los relatos de viajes por España, como demuestra la guía Garnier, escrita por Auguste Lannau-Rolland y publicada también en 1864. En su capítulo dedicado a Toledo, la ciudad era evocada a través de descripciones e imágenes que reflejaban la visión romántica predominante de la época.

En este contexto estético se inscribe la obra de Maswiens, claramente influenciada por el gusto romántico de apartarse de los principios establecidos por las academias. Sus obras encuentran una defensa en las palabras del escritor John Ruskin (1819-1900), quien respondió a las críticas dirigidas contra aquellos que no imitaban fielmente la naturaleza, resumiendo su argumento en la siguiente reflexión:

> *Si hay algo en la pintura que abre, al igual que las palabras, no por su parecido con algo, sino por ser considerado como su símbolo y substituto, y por tanto por inducir su efecto, entonces este canal de comunicación puede transmitir una verdad incorrupta, incluso si no se parece en nada a la realidad cuyo concepto induce.*

El carácter pintoresco y cautivador de la obra de Maswiens se manifiesta claramente en el lienzo que hemos tenido la oportunidad de estudiar: un óleo con una vista de Toledo, firmado y fechado en 1865. En contraste con la perspectiva del río Tajo creada por David Roberts para la reina Victoria, Maswiens nos ofrece una visión del río fluyendo junto al perfil rocoso de la ciudad, con la imponente silueta del Alcázar y su entorno monumental destacándose en el paisaje. Todo ello está envuelto en una luz dorada que dota a la escena de un aire de fantasía medieval; tonos ámbar que nos recuerdan la influencia de las pinturas del escocés. (Fig. 5) Sin embargo, la visión engrandecida del conjunto histórico parece mostrar una imagen ciertamente irreal de la ciudad castellana, sin la advertencia, para quienes la contemplan, de la distorsión subjetiva de lo que es o no real, pues como recogía la guía Garnier: *Todo esto formaba un conjunto bizarro, confuso, seductor, pintoresco, al que los relatos exagerados de los viajeros habían engrandecido el prestigio.*

A diferencia de los bocetos y dibujos realizados in situ, las obras sobre lienzo de gran formato adoptaban un enfoque deliberadamente grandioso. Una at-mósfera etérea que fusionaba realidad y sueño, dotando a la arquitectura de un poder emocional. Este escenario se convertía en el marco ideal para evocar las gestas de un pasado glorioso, presentado como la encarnación misma de la historia. Al analizar la fidelidad de sus detalles, resulta inevitable recordar la fotografía capturada por Edward King Tenison en 1852. El puente de Alcántara con el perfil del conjunto histórico al fondo revela las cicatrices del pasado, con los últimos restos del convento de Carmelitas Calzados. En contraste, el enfoque imaginativo e idealizado que Maswiens presenta parece estar más cerca de las vistas del editor holandés Pieter van der Aa (1659-1733), de principios del siglo XVIII, cuyos grabados sobre Toledo muestran la integridad de sus edificios, aún sin los desperfectos causados por los desastres de la guerra. La escena de género que Maswiens retrata ofrece un perfil en el que destaca el imponente Alcázar, perfectamente conservado en su integridad arquitectónica, al igual que los demás edificios que lo rodean, con la única ruina visible del vestigio del artificio de Juanelo.

5. *Joseph Maswiens, Vista de Toledo, 1865.*
© *Colección Jaime Moraleda*

Aunque son escasos los bocetos conservados de Joseph Maswiens, tenemos la suerte de poder disponer de uno, concretamente de Toledo. Se trata de un pequeño óleo sobre tabla con una vista interior de la catedral, en concreto del presbiterio. (Fig. 6) La composición adopta una perspectiva de menor grandiosidad, caracterizada por una pincelada más suelta y abocetada. Sin embargo, mantiene el uso de una luz dorada que envuelve la escena, creando una atmósfera propicia para evocar la devoción de los fieles. El pintor se situó en el exterior de la capilla Mayor, omitiendo la reja diseñada por Francisco de Villalpando, y optó por una perspectiva que dirige la mirada hacia el interior desde el ángulo correspondiente al muro de la Epístola. Se revela la gran complejidad lumínica del interior del templo, con diferentes intensidades y calidad de las luces y un singular interés en el tratamiento del pilar junto al sepulcro de Mendoza,

que recibe la intensa luz de los vitrales coloreados.

Existen numerosos ejemplos adicionales de la obra del pintor belga relacionados con temas toledanos. Entre ellos destaca una vista interior del coro de la catedral, perteneciente a una colección privada, y otra escena de la iglesia de San Juan de los Reyes, fechada en 1861 y conservada en el Museo de Bellas Artes de Gante (Bélgica). Esta última obra evoca el óleo pintado por Genaro Pérez Villaamil en 1839, cuya réplica realizó durante su exilio en Bélgica en 1843. Dicha réplica fue enviada a la Exposición de La Haya ese mismo año, donde fue adquirida por el rey Guillermo I. Asimismo, se tienen registros de pequeños bocetos, similares en su rápida pincelada y en la composición al citado de la capilla Mayor de la catedral, que representan vistas interiores de las capillas de Santiago y San Ildefonso. Ambas tablas se encuentran actualmente en colecciones privadas.

El interés por las vistas fantaseadas se mantuvo hasta finales de la centuria, aunque se redujo el gusto por las desproporciones en las dimensiones de las arquitecturas. La escala regresaba a su percepción real, pero existía una dicotomía entre los histórico y lo poético. En este contexto enmarcamos la figura del pintor y litógrafo austriaco Ludwig Rösch (1865-1936). Nació en Viena en el seno de una familia de artistas, pues su padre, Matthias Rösch (1830-1908), destacó como decorador y pintor de naturalezas muertas. Rösch inició sus estudios en la Escuela de Artes y Oficios de Viena, para continuar desde 1882 en la Academia de Bellas Artes, junto a los maestros Christian Griepenkerl y Eduard Peithner von Lichtenfels. Como pintor-viajero residió

6. Joseph Maswiens, Interior de la catedral de Toledo, ca. 1865.
© *Colección Jaime Moraleda*

en Inglaterra, Francia y España entre 1887 a 1894. Tras su vuelta a Viena, se vinculó como miembro de la Secesión Vienesa desde 1907 a 1925, exponiendo en ese periodo muchas de sus obras.

De su estancia en España se conocen únicamente dos obras documentadas, aunque persiste un considerable desconocimiento sobre la totalidad de su producción artística, lo que resalta la urgente necesidad de una investigación más exhaustiva sobre su legado. Una corresponde a la vista de la catedral de Sevilla desde el interior del patio de los Naranjos, con la Giralda al fondo. La segunda es una vista interior de la sinagoga de Santa María la Blanca de Toledo, una acuarela de grandes dimensiones firmada y fechada en 1889. (Fig. 7)

7. *Joseph Maswiens, Interior de la catedral de Toledo, ca. 1865.*
© *Colección Jaime Moraleda*

El interior de la antigua sinagoga ya había sido representado por Genaro Pérez Villaamil en 1844 para la publicación de su *España artística y monumental.* Desvencijada y con aspecto de absoluto abandono, el interior del recinto muestra los efectos contundentes del paso del tiempo en los descarnados revocos de sus pilares, a la vez que se convertía en la herramienta perfecta para mostrar la rica historia intercultural del país, con escenarios tan exóticos y pintorescos como el antiguo recinto judío. Por aquellos años, también la representó Cecilio Pizarro (1818-1886) en su álbum de dibujos, hoy conservado en la colección del Museo del Prado, sin embargo, el pintor toledano omitió cualquier detalle relacionado con su deterioro y basó su boceto en la captación de sus singulares arcos de herradura y decoración geométrica.

Por su parte, Ludwig Rösch optó por seguir un planteamiento semejante al expresado en el dibujo de Pizarro, donde apenas deja entrever las consecuencias del paso del tiempo en el monumento de tradición mudéjar, salvo en unas telas algo desaliñadas que cuelgan de los tirantes de la cubrición de madera. A partir de una perspectiva oblicua, encuadra la imagen de la sinagoga desde un lateral, adoptando una posición muy similar al dibujo del pintor toledano, donde nos muestra el juego de pilares octogonales encalados en blanco, sobre los cuales emergen los capiteles que sustentan los arcos de herradura. La fidelidad en la representación del espacio interior se quiebra con la incorporación de los pilares del primer plano, la sección que ostenta el mayor nivel de detalle en la elaboración de los elementos de relieve y ornato de la pintura. En esta área, el autor manifiesta con claridad la maestría de su pincel al abordar la técnica de la acuarela. Aunque las proporciones y la escala del interior son bastante precisas, los dos pilares representados en primer plano, los arcos angrelados y el pavimento y gradas iniciales, no corresponden con la imagen real del interior de Santa María.

Rösch compuso un atractivo montaje de dos vistas que se superponen en su acuarela; por un lado la imagen del interior de la sinagoga, por otro, la puerta de Santa Catalina de la catedral de Toledo, cuyo acceso desde el claustro está presidido por una columna adosada al parteluz que tiene en su centro una escultura en piedra que representa a la santa de Alejandría, sobre ménsula y cubierta con dosel, todo ellos engalanado con los escudos reales de Castilla y de León, tal y como observamos en la obra del pintor austriaco. Quizá el carácter dual del edifico, originalmente destinado al culto hebreo y posteriormente al uso como templo cristiano, enfatizaba el carácter exótico de su existencia.

En conclusión, las impresiones y pinceladas de este viaje nos han guiado a través de diversas perspectivas desde las cuales se ha observado y plasmado la antigua capital castellana, mayoritariamente mediante escenas inéditas que enriquecen de manera significativa el patrimonio pictórico toledano. La imagen de Toledo trascendió fronteras gracias a la mirada de aquellos que la contemplaron, envuelta en monumentales arquitecturas que revelaban su antigüedad y su diverso tejido multicultural. No obstante, también se propagó una visión idealizada de la ciudad, cuyas vistas exteriores se apartaban de las descripciones topográficas realistas, y cuyos interiores no reflejaban con exactitud la experiencia de quienes, posteriormente, vivieron la "disciplina" de saber viajar. En su lugar, se ofrecían escenarios pintorescos que avivaban aún más la fascinación por recorrer y redescubrir sus vetustas y evocadoras calles.

Susana Rodríguez

Editora de Errata Naturae

" ...se han incrementado una barbaridad las iniciativas culturales que nacen de las propias librerías, que ya no se limitan a vender libros. "

ENTREVISTA POR VÍCTOR M. MARTÍN

Hablar de Errata Naturae es hacerlo de naturaleza, de compromiso, de debate. La editorial nació en 2007, si bien no sería hasta 2008 que publicaron sus dos primeros libro, *Pasar el invierno* de Olivier Adam y *La evidencia del filme* de Jean-Luc Nancy. Desde entonces, han pasado por los estantes de las librerías y de miles de lectores casi 400 títulos (llegarán a esta cifra mágica en este 2025). Son independientes en el sentido más estricto y hermoso del término y siguen sobreviviendo en este mar de tiburones en el que se ha convertido el mundillo editorial. Nos atiende hoy Susana Rodríguez, que lleva colaborando y trabajando en la editorial prácticamente desde sus inicios.

Pregunta: *Vamos a empezar la entrevista a lo Christopher Nolan: ni por el principio ni por el final... El 14 de marzo de 2020, el presidente Sánchez declara el estado de alerta. Todo el país se tiene que quedar encerrado en sus casas. Dos meses más tarde, el 14 de mayo, Errata Naturae publica un manifiesto, Jinetes en la tormenta, animales en la cuneta, donde disecciona el funcionamiento de la industria del libro en España de manera nun-* ca vista hasta el momento. La elección de la fecha, 14 de mayo, no parece casualidad...

Respuesta: No, no lo fue. Se eligió esa fecha, 14 de mayo, dos meses después de la declaración del estado de alarma con toda la intención del mundo. Cuando llega la pandemia, en cierto modo, creímos que era una oportunidad. Los que conocemos el sector del libro sabemos que vivimos una vida un poco vertiginosa, la vorágine nos va comiendo y muchas ideas que teníamos de cómo mejorar nuestra vida o el sector, incluso la profesión, se veían tapadas por lo que era el día a día de la edición, de la venta, etc.

De algún modo, la pandemia nos parecía una prueba de vestuario del mundo que estaba por llegar, un mundo que nos estamos cargando y este sector estaba contribuyendo a ello por la sobrepublicación y la manera que tiene de gestionar la edición.

P: *Pocas veces podremos encontrarnos un momento más apropiado para pensar cual es el futuro que queremos para el mundo del libro.*

R: Decidimos que era el momento idóneo para parar y reflexionar. Por eso lanzamos nuestro primer comunicado, explicando que no íbamos a publicar más libros mientras durara la pandemia, más allá de aquellos que

JINETES EN LA TORMENTA, ANIMALES EN LA CUNETA

¿Y QUÉ PENSARÍAS SI TE DIJÉRAMOS
QUE NO VAMOS A PUBLICAR NADA?

ERRATA NATURAE

estaban previstos que salieran en el corto plazo. Y luego, meses más tarde, sacamos un segundo comunicado en el que exponíamos las conclusiones a las que habíamos llegado en ese tiempo y que hemos seguido manteniendo. Muchas fueron a nivel interno, que no han trascendido porque estaban pensadas para los trabajadores: desde movernos en transporte público o a pie, la energía que consumíamos en la editorial, la compañía de telefonía móvil, pasar todos nuestros recursos económicos a la banca ética, o una investigación tremenda que hizo Rubén sobre papel -porque muchos sellos de papel supuestamente sostenibles no lo son tanto- para traerlo de círculos de proximidad, reducir nuestros viajes al máximo...

También a partir de ahí, que fue una cosa interna, hicimos un manifiesto para una transición ecológica del sector que pasamos a bastantes libreros y editores, porque realmente somos un granito de arena en un mar muy grande y es muy difícil ponernos

todos de acuerdo. Al final, una editorial es un negocio y hay que comer de ella, y tienes que valorar un poco pros y contras. De hecho, otra de las cosas que contamos en el manifiesto es que habíamos retirado el plástico tanto de nuestros libros como de todo el material que utilizamos en la oficina, no tenemos sobres de burbuja, ni nada de nada, y el papel que utilizábamos venía de una empresa que consumía mucho menos agua de la que aconsejaba en ese momento la Unión Europea, aproximadamente un 75% menos, pero no era posible económicamente que todo el papel que utilizáramos fuera reciclado porque al final hay que hacer también un equilibrio para que la editorial subsista.

P: *A mí es que me pareció un documento clarificador. En ese momento, yo llevaba trabajando apenas dos años en la librería, todavía estaba descubriendo cómo funciona este negocio, conociendo el lado oscuro que la gente desconoce... Y cuando leí ese manifiesto, empecé a entender muchas cosas: me di cuenta de que estábamos jugando una partida en la que llevábamos las peores cartas. Necesitaba a alguien que me dijera "espabílate, aquí las reglas del juego no son las que tú te crees".*

R: Es fascinante porque yo creo que la lectura y los libros es un sector que goza de buena salud, contrariamente a lo que se pensaba. Hace tiempo estuve en nuestra imprenta de Salamanca y me contaban los impresores que quién les iba a decir a ellos cuando salió el ebook que iban a imprimir tantísimo como imprimen ahora, que tienen la imprenta trabajando día y noche, 24 horas al día, con turnos y que cada vez tienen más editoriales a las que tienen que decir que no. Pero poca gente de todos los lectores conoce, si no trabaja en el sector, cómo funciona un mercado que, digamos, es un poco perverso: para los libreros, para los editores, sobre todo. Es que el libro es un bien que casi flota en el aire: tú mandas un libro a una librería, la librería puede tenerlo y devolverlo un año más tarde, un libro que puede estar deteriorado, que es normal que se deteriore: por el sol, por la gente que se interesa por él y lo hojea... Y tú te tienes que hacer cargo de esos costes a lo mejor un año después de que saliera de tu imprenta. Y para que el sistema funcione, tú debes tener otro libro que sustituya a ese, que cuando te devuelva el distribuidor unos libros, haya otros que inmediatamente puedan sustituirlos. ¿Qué provoca eso? Pues que todos tenemos que sacar, prácticamente, un libro cada semana. Y un libro cada semana es una auténtica barbaridad, no te digo ya las editoriales que sacan varias decenas de libros a la semana.

Un día, hablando con un librero de Alcalá de Henares, me decía que había calculado la cantidad de libros y novedades que llegaban a su librería y de los que no se vende ni uno. Del 80% de los libros que llegan al mercado nadie compra ni un ejemplar. Es trabajar un poco a contrarreloj. Tú mandas los libros, por ejemplo, a la prensa y la gente tarda un tiempo en leérselo, porque están recibiendo un ejemplar de todas las editoriales que hay en España, reciben mi libro y tienen una torre enorme. Y cuando llegan a leerse el tuyo y se publica la reseña, a lo mejor han pasado 4 ó 5 meses... Hace nada ha salido una reseña de un libro nuestro que lleva un año en el mercado. Y

esa persona que lee la reseña, o que la escucha en la radio y le resulta interesante, va a comprarlo a la librería... y el libro ya no está. Es verdad que te lo pueden encargar, pero no es lo mismo a que el libro esté ahí presente. Ese libro, que te devolvió hace meses el distribuidor, está ahora mismo en un almacén, ocupando un sitio por el que hay que pagar, que al final es lo más caro, tener un espacio de almacenamiento de libros. Y es un libro súper interesante, pero se han vendido sólo 12 ejemplares.

Hay algo que de momento en Errata no hacemos, ni creo que lo vayamos a hacer nunca -tenemos otras ideas de lo que hacer con los libros que no se venden-, pero yo he estado en sitios y he visto gente que guillotina un libro que a lo mejor salió hace un año al mercado. Yo empecé trabajando en una librería y me sorprendía a mí misma cuando le decía a la gente que un libro de un año estaba agotado o descatalogado o era un libro antiguo. Con 24 años, ese tiempo me parecía poco para descatalogar un libro, pero ahora ya con 50, un año me parece antes de ayer.

P: *Hablando de libros y tiradas. ¿de cuánto es la tirada estándar de un libro de Errata Naturae?*

R: Digamos que entre 2.500 3.000, más o menos.

P: *Y cuando esa tirada se agota, ¿qué os hace decidir si vais a reeditar ese título? ¿El tiempo en el que se han vendido esos ejemplares?*

R: El tiempo que tardan en venderse en un dato muy relevante. Y luego, ayuda ver el número de pedidos que

WALDEN

EDICIÓN ILUSTRADA • 200 ANIVERSARIO DEL NACIMIENTO DE

HENRY DAVID THOREAU

PRÓLOGO DE MICHEL ONFRAY

errata naturae

han hecho las librerías, y que quedaron en stand-by porque la distribuidora no tenía libros para servir, o libros que forman parte de una colección, o libros de fondo, como *Walden*, que es un libro que siempre se está vendiendo, un clásico, más allá de que sea un libro que forma parte de la médula espinal de la editorial: siempre hay que tener ejemplares de Walden. Y con los libros que sobran, porque desgraciadamente hay títulos que no habrán vendido los 2.500 o 3.000 ejemplares, nosotros no guillotinamos.

P: ¿Pero ¿qué hacéis con ellos?

R: Muchos los mandamos a bibliotecas, y así salvamos un libro de la guillotina, intentamos seguir acercándolos al lector por otros cauces. El libro tiene un precio fijo y tú no puedes regalar nuestros "excedentes" porque le haces la puñeta a los libreros. Qué hacer con los libros que no se venden sin causar ningún perjuicio a nadie es algo a lo que estamos dándole vueltas.

P: *Volvamos a vuestro manifiesto, ¿qué impacto crees que tuvo en el mundo editorial? ¿Os sentisteis arropados, incomprendidos? ¿Qué impresión os dio?*

R: Es verdad que tuvimos en conversaciones y todo se paró porque era bastante complicado, poner de acuerdo a grandes editoriales con pequeñas, es algo realmente muy difícil. Pero yo estoy orgullosa de que hubiera cierta respuesta, de que se hablara de esto, que llegara a los medios, que se difundiera... El sector editorial incluye a los libreros, a los distribuidores, a las editoriales... La gente piensa que las editoriales son la parte fuerte y no es así: realmente, la parte con más peso de la cadena son los distribuidores.

Recuerdo hace muchos años, cuando empezó Amazon, y todos nos quejábamos, que estuve en Bilbao acompañando a una autora y pregunté a un librero que por qué no se unían todas las librerías, como ha pasado ahora con Todostuslibros, que está fenomenal, para ofrecer un servicio que pudiera hacer frente a esa plataforma. Y me respondió: "Sí, hombre, le voy a decir yo a otro librero los libros que tengo yo en mi librería".

P: *En Hojablanca, cuando un cliente necesita un libro con urgencia y nosotros no lo tenemos y aunque lo pidamos no le va a llegar a tiempo, le decimos si lo hay en alguna otra librería de Toledo (de las que están integradas en Todostuslibros, claro). Algunos nos miran como si estuviéramos locos. Y siempre les*

digo que lo que yo quiero es que compren el libro en una librería (si puede ser en la mía, mejor, claro), pero si no, que vayan a otra librería y no lo compren en una plataforma electrónica. Yo he mandado a clientes hasta a Aranjuez.

R: Mi anécdota es muy antigua y todo el mundo ha ido abriendo un poco la mente a hacer otras cosas, a hacer propuestas. De hecho, se han incrementado una barbaridad las iniciativas culturales que nacen de las propias librerías, que ya no se limitan a vender libros.

P: *Y vuestro distribuidor, ¿cómo se lo tomó? A lo mejor decir que los distribuidores son los malos de la película es mucho decir, pero desde luego, no salen bien parados de vuestro texto.*

R: No tenemos queja ninguna de **UDL** porque la verdad es que nos apoyan bastante. Creo que son conscientes de que llevan muchas editoriales, del peso de cada una de ellas, también empezaron apostando por editoriales muy pequeñas, por **Contexto** cuando empezó, por **Errata**, por **La bella Varsovia**, editoriales pequeñas de poesía. Es una distribuidora que dentro del sector podríamos calificarla de bastante literaria: saben muy bien lo que llevan, saben las editoriales que escogen...

El sector del libro es muy desconocido para el lector. Tu piensas que los editores son gente que hablan desde su púlpito y no es así. Es más bien al revés: se trata de un gremio muy mal pagado, un gremio poco lucrativo, algo bastante vocacional. Los grandes grupos serán otro rollo, pero las edi-

toriales pequeñas o medianas es así. La parte fuerte son los distribuidores: son los que ponen el transporte, los que tienen un almacén... Pero nadie piensa en ellos, existe mucho desconocimiento de cómo funciona este sector.

« se han incrementado una barbaridad las iniciativas culturales que nacen de las propias librerías, que ya no se limitan a vender libros »

En nuestro caso, UDL ve otra manera de hacer las cosas que no necesariamente les perjudica. Por ejemplo, nosotros, en la pandemia, notamos que podíamos subsistir bastante bien con los libros de fondo: si tú mueves esos libros, los tienes ahí, les das cancha... El problema es que ni siquiera ellos, ni sus comerciales ni nadie tienen tiempo para dedicarse a lo que deberían dedicarse, a su oficio, a su profesión. Es algo que nos pasa a todos, vamos a matacaballo, obsesionados con publicar cada vez más.

P: *Ese era uno de los problemas que planteaba el manifiesto, se hablaba de la cantidad de libros que se devuelven ["Cuanto tiempo los editores y el plane-*

ta podrán seguir permitiéndose esta situación"]: entre un 30 y un 40% de los libros que se publican acaben hechos pasta de papel para hacer otros libros. Esto nos lleva al tema de la sobre publicación, ¿qué piensas tú al respecto? ¿Crees que en algún momento se pondrá remedio a este problema del exceso de publicaciones?

R: Es complicadísimo, es una barbaridad los títulos que se publican en España. Yo he sido librera y he recibido -entiendo que ahora funcionará igual-, a comerciales todas las semanas que te enseñaban 50.000 títulos, y al final, el espacio que tenemos es reducido. A veces te presentaban unas cosas... Yo, que estaba en una librería literaria, te venían con *Cómo fabricar un caballito de tiovivo*, y te preguntabas, "Madre mía, ¿cuánto habrán tirado de esto?". Porque claro, no es rentable tirar 5 libros. ¿Cuánta gente se comprará *Cómo fabricar un caballito de tiovivo*? Es verdad que siempre hay un libro para un lector ¿pero realmente merece la pena de un libro así sacar mil ejemplares, que será lo mínimo que saque? Pues no lo sé. Tú ves, un libro, otro libro... Es francamente abrumador, un síndrome de Stendhal, pero de libros. Yo veo tantas cosas que te apetece leer, de hecho, tengo una colección de libros para cuando me jubile...

P: Si vieras mi mesilla de noche...

R: Yo voy por las librerías, "este, para cuando me jubile; este, también". Volvemos a lo mismo, sé que dentro de un año o de dos, ese libro no va a estar y a lo mejor no lo voy a poder conseguir porque no va a existir ese

libro y yo quiero leer el libro en papel. Quizá deberíamos asumir alguna obligación. Si tú tiras 1.000 ejemplares, o 2.000 o 3.000 y vendes 50, y eso te está pasando continuamente, a lo mejor debes pagar una multa o algo porque estas gastando unos recursos del planeta que son finitos. O esas editoriales que publican libros infumables, que ni siquiera editan el texto, corrigen las faltas (si acaso) y ya está porque quien lo ha escrito no es un escritor, sino que lo quiere para que lo tengan sus amigos, sus primos...

No sé cómo se puede hacer, pero creo que todo parte de llegar a un consenso entre todos, de concienciarnos del problema que tenemos, de pensar que por publicar tanto nos estamos perdiendo grandes cosas, estamos pasando de largo sobre libros muy interesantes. Hay veces que sacamos un libro que es maravilloso, pero se lo ha comido la vorágine, se ha quedado ahí, hasta que de repente, alguien lo descubre.

Muchas veces hablamos de cómo gestionar esto. Creo que hay una parte individual -por individual me refiero a cada editorial- y de las editoriales todas juntas; y otra parte, tal vez de los gobiernos, sobre cómo gestionar el gasto de los recursos de cada uno, porque es muy difícil ponernos todos de acuerdo. ¿Quién le pone el cascabel al gato? Paras tú y te hundes tú.

P: ¿Y los lectores? ¿Tú crees que los lectores podrían hacer algo al respecto? O como son la última pieza de la cadena...

R: Es complicado. Para empezar, se tendrían que enterar realmente de cómo funciona esto y llegar a concienciarse, pero son un granito de arena. El otro día hablábamos de la influencia real que tiene cerrar el grifo cuando me ducho comparado con el agua que consume una fábrica de papel, pero yo creo que cada uno puede aportar su granito de arena. Los lectores también.

P: *Es que esa es la clave. Yo creo que lo importante del gesto que tuvo Errata Naturae, sobre todo con esa cantidad de compromisos que adquiristeis con la plantilla, con la gente con la que colaborabais o a la hora de mover vuestros libros es lanzar el mensaje: yo no puedo cambiar el sistema, pero si puedo hacer que mi aportación al sistema sea esta y luego, si tú ya no lo haces porque no quieres, eso ya es tu problema. Es centrarte en la zona en la que tú puedes impactar o puedes influir, y no querer aspirar a algo que a lo mejor se te escapa de las manos.*

R: Eso es. Una buenísima idea que tuvo Rubén fue poner en todos nuestros libros esos créditos sostenibles en los que explicamos todo esto. Mucha gente se compra el libro y los descubre ahora, años después, y preguntan y lo mueven y hacen entrevistas al respecto. Ayer, en el Congreso del Clima, hablaban de que para 8 de cada 10 españoles su máxima preocupación ahora mismo es la crisis climática. El exceso de publicaciones, aunque no lo parezca, forma parte de la crisis climática. No es sólo un derroche de recursos, estamos hablando de contaminar, de transportar los libros, del CO2 que se emite en el proceso de creación de un libro... Otra cosa que hicimos durante la pandemia fue un estudio con respecto al libro digital, averiguar si realmente era rentable un ebook o no. Nosotros nunca hemos publicado nuestros libros en digital salvo ocasiones excepcionales y el estudio vino a darnos la razón. Para que un e-reader te salga rentable tienes que leerte 128 libros en él. Teniendo en cuenta que, según las estadísticas oficiales, un lector medio español se lee de 8 a 10 libros al año, ese lector medio necesitaría que su lector digital le durara, al menos 12 años, algo que parece difícil con la obsolescencia programada de los aparatos digitales. Si a eso le sumas la energía que consume, los materiales con los que están fabricados, las condiciones laborales de la gente que extrae ese material y los fabrica, más el reciclaje de esos aparatos... Aunque no lo parezca, es mucho más sostenible el libro de papel. Todo esto requiere una reflexión.

P: *¿Qué pasó con los libros que se "comieron" toda la pandemia? Los que salieron justo antes del 14 de marzo, los que estaban previsto que salieran semanas después... Mirando en vuestra web, hay dos que aparecen como agotados, y me parece justicia divina, en el mejor sentido del término, que esos libros que tuvieron que superar tantos obstáculos hayan terminado llegando a sus lectores.*

R: Esos libros se fueron vendiendo porque las librerías siguieron funcionando, aunque fuera a medio gas. Dio la casualidad que el último que salió, *En el corazón del bosque* de Jean Hegland, era la historia de dos muchachas que vivían en un bosque próximo a una ciudad, en una casa autogestionada y vivían como el primer apagón, se quedaban sin energía y como subsistían, aprendían a vivir de los recursos del bosque y volvían un poco a la a la vida primitiva... Ese libro fue un boom en ese momento y se ha vendido muy bien, de hecho es uno de los que están agotados y hemos sacado ahora una edición gráfica del mismo. A veces me río con Rubén, le digo "Eres un visionario, una mente preclara".

JEAN HEGLAND

EN EL CORAZÓN DEL
BOSQUE

errata naturae

La gente aprovechó la pandemia para leer y otros para volver a leer, trabajos que eran presenciales, tenías que quedarte en casa, y aprovechabas para leerte todo eso que tenías para cuando te jubilaras, como yo. Nosotros sacamos los libros que teníamos previstos hasta entonces y paramos. El resto de los libros que teníamos previsto publicar salieron más tarde, cuando se acabó el confinamiento y pudimos salir de nuestras casas. Subsistimos con esos libros y con los libros de fondo, y fue un momento... No sé, igual que esos primeros paseos,

con las ciudades llenas de flores, la naturaleza había tomado la ciudad, ¿no? Pues igualmente fue un momento para que los lectores recuperaran esas lecturas que tenían ahí aparcadas.

P: *Algunos meses más tarde publicasteis un segundo manifiesto en el que hablabais de todos esos compromisos que adquiríais como editorial, de puertas para adentro y de puertas para afuera. Ahí podíamos leer un montón de condicionantes: los salarios, los pagos de las facturas, la reducción de la jornada, la desaparición del plástico, la movilidad, un montón de aspectos que queríais tener en cuenta para intentar que vuestra huella en el planeta fuera la menor posible... Con tanta limitación, ¿la editorial de verdad puede ser rentable?*

R: Sí, sí, claro que sí. Hay muchas cosas que realmente no condicionan tanto, creemos que nos van a condicionar más de lo que nos condicionan en la realidad. No es más caro trabajar con un lápiz que con un bolígrafo, o venir andando al trabajo o en bici que en coche, por ejemplo. Son esos pequeños gestos que no los piensas los que más ayudan. A ver, hay aspectos que sí tienen un impacto económico, e intentamos explicarlo, como por ejemplo utilizar siempre papel reciclado. Llegamos a un equilibrio entre el sacrificio que podíamos hacer para seguir subsistiendo, tomamos un montón de decisiones que no comprometen a nada: tener tu dinero en un banco al uso o tenerlo en una banca sostenible no va a ningún lado; quitarnos de todas las empresas de comunicación o de energía que son grandes empresas y que lo único que hacen es un greenwashing son decisiones que no tienen por qué afectar al bolsillo de nuestros lectores. ¿A qué nos lleva todo eso económicamente? Nuestro papel es caro, nuestros libros son caros... ¿Qué quitamos el plástico de las cubiertas? Pues el libro es bastante más frágil y se estropea mucho más. ¿Podemos asumir eso? Es llegar a un equilibrio. Los libros que hemos sacado sobre ecologismo, sobre personas que deberían tomar otro rumbo hablan mucho del problema de la coherencia. A veces no es fácil ser coherente y uno creo que juega con tolerar ese pequeño nivel: claro, te vas a vivir al monte, pero cada vez que quieres comprar una medicina tienes que coger el coche y yo no, que voy andando a una parafarmacia al lado de mi casa. Es verdad que ser coherente al 100% es prácticamente imposible.

P: *Creo que podemos decir que sois la editorial que más alza la voz contra el sistema, contra el capitalismo... ¿No tenéis miedo que os podáis convertir en los pepitos grillos del sector, que os encasillen en ese papel de antisistema?*

R: No nos importa que nos digan que somos antisistema, casi es un elogio. Los grandes cambios vinieron casi siempre de gente que fue súper criticada por sus ideas, por su imaginación y por sus opciones.

P: Pero el problema es que trabajáis en un sector, yo lo he descubierto cuando he empezado a trabajar en él, que en líneas generales es muy conservador.

R: Muy conservador, sí, sí. También es verdad que el sector está cam-

biando bastante, se nota muchísimo, se nota en la colaboración entre los diferentes agentes, entre las librerías, en lo que nos apoyamos los unos a los otros: nosotros con los libreros, los libreros a nosotros, todo en la medida de lo posible. Volvemos a lo mismo, económicamente es una miguita, pero yo noto muchísimo apoyo de todas las partes, mucho apoyo por parte de los lectores, muchísimo. A lo mejor muchos ya no se acuerdan del manifiesto, que todavía se puede descargar de nuestra web, pero ahí han quedado los créditos, y mucha gente pregunta, y mucha gente nos felicita... También hay gente que es crítica, por supuesto, y que no le gusta, pero esto es como la fábula aquella del burro, el viejo y el niño: si el niño iba arriba, qué vergüenza, el viejo a pie; si el viejo va en el burro, pobre niño; si van los dos encima del burro, que pobre animal... Nunca llueve a gusto de todos, pero nosotros creemos en lo que decimos, y de verdad lo aplicamos, no es algo que se haya quedado en meras palabras. Quien quiera cogerlo, bien, yo pienso que sería mejor para todos y para el planeta, y no solo eso, sino aportar cosas nuevas, cuantas más cabezas haya pensando, más ideas habrá, las ideas de ciertas personas también pueden ser inspiradoras para otras.

P: *Tengo un amigo que habla del lector militante, de ese tipo de lector que lee determinados libros o que compra determinados libros porque creen en lo que está comprando. ¿El lector de Errata Naturae es un lector militante?*

R: Tenemos varias colecciones de Errata, pero sobre todo la colección *La muchacha de dos cabezas*, la colección de **Libros salvajes** son todos libros de naturaleza. Desde un primer momento nuestra intención era publicar libros que generaran un debate intelectual y cívico, eso es básico en casi todos nuestros libros, tanto en los de ficción, por los temas que plantean, como en los de no ficción. Y la gente que busca nuestros libros busca el debate. Nuestra idea es que si no conoces las cosas, no las vas a querer, cuanto más conoces algo más lo quieres: ver los modos de vida de la gente y los rumbos que han tomado sus vidas te hace querer un poco más la naturaleza, querer más el planeta, querer protegerlo y cuidarlo. A partir de la pandemia empezamos a contratar libros que dieran explicación y ofrecieran soluciones. Hay libros muy diferentes, tú te los lees todos de seguido y unos pueden ser más catastrofistas, otros menos, otros más optimistas, unos, que critican a los an-

LOS BÚFALOS DE BROKEN HEART
LA AVENTURA DE RECOBRAR UNA VIDA NOBLE Y SALVAJE
DAN O'BRIEN
errata natura

teriores. Pero de todo eso es de donde surge el debate, el punto desde el que podemos empezar a construir algo.

P: *Tu ya habías pasado por otras editoriales antes de llegar a Errata. Cuando tienes tu primer contacto con una editorial, ¿qué es lo que te encuentras: justamente el trabajo que tenías en mente, o, por el contrario, algo que no tiene nada que ver con lo que esperabas?*

R: Cuando yo hablo con alguien, me preguntan ¿y tú qué es lo que haces? El editor de mesa, que es lo que yo hago, ¿qué es lo que hace exactamente: corrige, traduce? Existe mucha confusión con la traducción. Cuando traduces, traduces. Lo que yo hago es que los textos suenen bien, en este caso en español, que es nuestro idioma. Pongamos por caso de un libro escrito en japonés o en georgiano. ¿Cuánta gente hay en España que traduzca el georgiano? Creo que hay dos traductores de georgiano. Ese traductor lo vuelca al español, pero que esa persona que domina el georgiano domine también el español a ese nivel es muy complicado. Lo que yo hago es que la experiencia lectora del lector en georgiano tiene que ser la misma experiencia lectora que la del lector en español, y para eso tienes que dominar tu lengua materna. Imaginemos una traducción del inglés. En inglés siempre se ponen los sujetos, pero en español no hace falta, es pesadísimo poner los sujetos todo el rato, y yo y yo y yo... Pero en inglés sí es necesario. O en alemán, el verbo va siempre al final, pero en castellano no y se puede omitir. ¿Quiere esto decir que no se está siendo fiel a la traducción? Es que esto no es una traducción de Google, que te lo va a traducir literalmente. El español es un idioma riquísimo: en inglés se utilizan muchísimas pasivas, en castellano no se utilizan tanto, y hay que limpiar esos textos, pulirlos, vas haciendo que el texto suene bien. Esta creo que es la labor más desconocida de una editorial. Hay mucha gente que viene a editoriales y piensa que es una imprenta, gente que lee. Y no es eso. En una editorial hay muchos eslabones: hay una persona que lee los textos en otros idiomas, los editores que seleccionan los títulos, estos editores tienen que buscar traductores, del traductor el manuscrito pasaría más tarde al editor de mesa, que es el trabajo que te he comentado, yo se lo paso a un maquetador, que es el que da forma al libro, y luego se vuelve a leer, a veces se edita dos veces, a veces se lee dos veces, el traductor vuelve a revisar el texto para comprobar que esos cambios que tú has hecho estén bien... Y después de todo eso, pasa a la imprenta.

P: *Estoy intentando asimilar todo... Es decir, con todos esos pasos no sé cómo puede daros tiempo para sacar casi un libro a la semana. ¿Dormís?*

R: Dormimos poco. A veces nos reímos porque, por ejemplo, Irene (Antón) madruga mucho, se levanta como a las 5 y yo trasnocho muchísimo, y le decía estamos abiertos 24 horas, porque a veces yo le mandaba un mensaje a las 3 de la mañana y a las 5 o las 6 ya me estaba respondiendo. Pero lo hacemos con gusto.

P: *La pandemia tuvo también un efecto estético en vuestra imagen. Hasta 2020, los libros de Errata Naturae eran muy reconocibles en una estantería.*

Pero el CoVid y vuestro compromiso provocó un cambio en el diseño de vuestros libros, no sé si un cambio radical, pero sí notable. ¿Cómo se tomaron los lectores ese cambio?

R: Se lo han tomado bastante bien. Tenemos muchos lectores fieles y gente que cuando conoce la editorial, se sorprende mucho, en positivo. Donde más puedo comprobar ese feedback es en la Feria del Libro, cuando se nos acercan los lectores y podemos charlar con ellos. De todos los cambios, el más importante ha sido eliminar el plástico de la cubierta. Ahora el libro quizá sea más sensible a los arañazos y los roces, pero también resulta más cálido y agradable en las manos.

P: *Hablando de libros reconocibles, una de las colecciones que más me gusta es la de Series y cultura popular. Varios de esos títulos están agotados: Los Soprano, The Wire, Breaking Bad, True Detective o Star Wars. Dos preguntas en una: ¿no os planteáis reeditar estos títulos, algunos de ellos ya casi míticos? La segunda, da la impresión que la colección se ha quedado en stand-by. El último libro que apareció es el de Rosalía, de 2021, pero yo creo que hablando de series, de cines, de fenómenos culturales actuales, Fargo necesita su libro, o Borgen, o Black Mirror...*

R: Vamos primero con lo malo. Aquí entramos en la parte de lo que es económicamente rentable o lo que no. Hay un libro -agotado- que todos los años nos lo piden, *Los búfalos de Broken Heart*, de *Dan O'Brien*, todos los años viene alguien y te lo pide, y hay un librero en concreto que siempre viene y lo pide. Pero al final del año, cuando miras cuantos libros se han quedado sin servir por estar agotados, los datos son minúsculos. Volvemos a lo que hablábamos antes, no es económicamente rentable ni tampoco sostenible hacer una tirada de 1.000 ejemplares, que es casi lo mínimo, para luego vender tres, cinco, diez ejemplares. Nos da muchísima pena no poder atender esas peticiones, pero es imposible.

P: Igual esto es un disparate, porque vosotros tenéis un posicionamiento muy claro con el tema del libro digital, pero quizás todos esos libros que están agotados podríais venderlos en formato digital, en PDF, algo así.

R: Es que también caducan los derechos de los libros, no todos los libros de nuestro catálogo tenemos los derechos para sacarlos indefinidamente. Si encima se trata de un libro colaborativo, como esos de los que tú me hablas, todavía es más difícil. Los libros sobre cultura popular tienen su momento: *The Wire* es una serie de culto total y la vería y la volvería a ver sin cansarme, pero ¿cuánta gente hay ahora viendo *The Wire*.

P: Mi gozo en un pozo...

R: La noticia buena es que para el primer semestre de 2025 saldrá un libro de **Enric Ross**, un experto en cómic, que se llama **El superhéroe de las mil caras**, y es un estudio sobre los cómics, los héroes de Marvel, y es un libro que habla de todo: del capitalismo, de los cómics, de la muerte, de la vida, de cómo los cómics representan realmente a nuestra sociedad.

P: Aunque el primer libro de Errata salió en abril del 2008, imagino que la editorial empezó a moverse algo antes, en 2007. Del mundillo editorial de esos años al actual, ¿tú qué balance harías? ¿Hemos mejorado mucho? ¿Hemos empeorado?

R: A título personal, diría que ha mejorado. En el momento en que nació la editorial, yo estaba trabajando en una librería, y había más monopolio editorial, mucha menos oferta de títulos. Creo que ahora es muchísimo más accesible y hay mucha editorial independiente pequeña que, por suerte, ha sobrevivido y tienen ya un catálogo bastante importante: ahí está **Nórdica, Sexto Piso, Impedimenta, Gatopardo**... Podría decir mil y no quiero decir más porque se me quedan todas ahí, en un tintero. Tienes una oferta de títulos increíble y eso me parece, en todo caso, lo mejor de lo que ha pasado. Ahora se ha diversificado todo y hay mucha gente independiente, que publica según sus gustos, que ya tienen mucho peso específico, y que hacen libros muy bien editados, tanto por el contenido como por el continente.

P: *En Hojablanca apostamos por las editoriales independientes, que ya bastante fácil lo tienen las grandes, y yo me atrevería a decir que Errata Naturae está en el grupo de las más importantes. Y siempre estoy con el miedo de que algún grupo de los grandes pueda llamar a vuestra puerta y os quiera comprar. ¿Eso ha pasado o pensáis que pueda pasar en el futuro?*

R: De momento creo que no ha pasado, pero no te lo puedo asegurar, a eso te tendría que responder Rubén (Hernández). De todas formas, dudo mucho que pudiera suceder, porque los valores de la editorial no son esos, precisamente. No veo a ningún gran grupo con la valentía de Errata para publicar lo que nosotros publicamos. Una de las cosas que hicimos durante la pandemia fue cambiar el objeto social de la editorial. Ahora, Errata Naturae no es sólo un negocio de venta de libros, sino que la editorial tiene unos valores que va a ser difícil que mantuviera ningún gran grupo que la compre.

P: *El objeto social se puede volver a cambiar.*

R: Estate tranquilo, de verdad...

P: ¿Cuál dirías que es el papel que desempeñan las librerías en el mercado hoy en día?

R: Las librerías, para nosotros, son nuestras manos, nuestros pies, son nuestro escaparate al mundo. Yo tengo mis libreros de referencia y muchísimos lectores tienen sus libros de referencia y son los que te hablan, te aconsejan, te descubren nuevos autores, nuevas novelas... Voy a contarte una de las cosas más bonitas que me ha pasado estando en la editorial. Un día recibí una carta de un niño, que por aquel entonces tenía 8 años, escrita con letra totalmente infantil, en una cuartilla arrancada, las mayúsculas estaban en rojo, los signos de puntuación estaban en rojo, agradeciéndome que habíamos publicado un libro como *El leopardo de las nieves*, que es un libro de adultos, con fotos, y me decía que si algún día podríamos publicar estos libros para niños también, que le gustaban mucho. Le había dado mi dirección *Ana*,

una de las libreras de **Alberti**, una persona maravillosa y una de mis libreras de cabecera. Yo escribí a Ana, me dio el contacto del niño, le mandé unos libros a su casa y le dije que yo en la Feria del Libro de Madrid estaba en una caseta y que me gustaría conocerle. A mí este niño me cambia, me hace sentir que lo que yo estoy haciendo tiene un reflejo en alguien, que lo está leyendo y le llega de alguna manera, le emociona. De esto hace ya unos años y yo sigo viendo a este niño, a **Mateo**, que va creciendo, que ya es mayor, tendrá 12 o 13 años, y viene a la Feria y me cuenta lo que ha leído ese año, ya me recomienda libros y hablamos, y encima le interesan muchísimo los libros de naturaleza. Es muy gracioso, porque este niño es mi amigo, los padres vienen, se apartan, y él y yo estamos hablando y hablamos de libros. Y te estarás preguntando, ¿y este rollo, a cuento de qué viene? Pues esto viene de los libreros, los libreros le han encaminado, los libreros le han dicho, los libreros le recomiendan. Los libreros te encaminan, te dirigen... Pero es que a nivel cultural, el librero ha dejado de ser un mero prescriptor para convertirse en un emblema cultural. Los libreros, las librerías son las que están llevando la cultura a las ciudades de provincias. En Madrid hay muchísima gente que se está trasladando a la periferia, puesto que las grandes ciudades están tomadas por el turismo, y los que están llevando la cultura a esos barrios de la periferia, esas ciudades dormitorio son los libreros.

P: ¿Cómo es un día típico de trabajo tuyo en la editorial?

R: Yo entro a las nueve, a no ser que tenga reuniones o que me quiera quedar en casa editando. Atiendo a los correos electrónicos que tenga, que suelen ser muchos, hablo con mis compañeros de cosas que tengamos que planificar o decidir, o quién va a una reunión, o quién hace una entrevista, o qué hacemos con esta persona que nos ha pedido libros... Depende de las épocas, como normalmente sale un libro por semana, yo me encargo también de la prensa, decido a qué periodistas se les manda cada libro. Y les insisto, les escribo para ver si les ha gustado ese libro, gestiono los contactos entre los autores y los periodistas para hacer entrevistas, o las visitas que podamos hacer a centros o instituciones. Hay mucho trabajo de gestión, y luego está la parte más bonita, que para mí es editar, recibir los libros, recibir las traducciones, y cotejar si hay traducciones en los idiomas que más o menos puedo yo entender, pulir esos textos que nos llegan... En resumidas cuentas, aunque sea editora de mesa, soy un poco multitarea, pero aburrido no es.

P: ¿Tienes alguna responsabilidad o voz y voto en los libros que se eligen para publicar, o ese es un trabajo que a ti te viene ya hecho?

R: En general, me le dan hecho. Es verdad que yo me puedo leer un libro y sugerir algo, o he leído a alguien que recomienda determinado libro, pero en general son Rubén e Irene los responsables, que tienen un gusto de chapó, a mí me han descubierto un montón de cosas.

P: ¿Sabes de algún caso que os haya pasado que hayáis ofertado por algún libro que se ha quedado una editorial grande y ha pasado por su catálogo con más pena que gloria?

R: Sí, claro que pasa. Ahora no te sé decir ningún título, pero pasa continuamente, como también pasa que autores que eran nuestros y por derechos que caducan, los perdemos, como *Edna O'Brian*, que empezamos publicándola cuando aquí no la conocía nadie, y ya no la tenemos. Pero no pasa nada, al final es una manera de que mucha gente acceda a ese autor. Nosotros no podemos igualar muchas de las ofertas que hacen los grandes grupos, pero también hay autores que son muy fieles, que han apostado por nosotros, al igual que nosotros apostamos por ellos, y no quieren cambiar de editorial aunque tengan ofertas mejores.

P: *Dime tres libros que tú creas que recogen el espíritu de Errata Naturae de todo vuestro catálogo, tres libros que van a estar siempre ahí.*

R: Es difícil. Por supuesto, *Walden*, que es un clásico que está en las raíces de la editorial. Quizá Pía Pera, una autora italiana que publicamos en *El pasaje de los panoramas* y el primer libro que publicamos de ella, *No se lo he dicho a mi jardín*. Ella era traductora del ruso al italiano, trabajaba en la universidad, y harta de esa vida, se retiró a una casita en la *Toscana*, y empezó a poner un jardín, una persona neófita, a la que le diagnosticaron una enfermedad degenerativa, fue perdiendo la movilidad y empezó a no poder llegar a ciertas partes de su jardín. Tituló a su libro con un verso de *Emily Dickinson* porque no le había contado a su jardín qué le iba a dejar, que ya nadie lo iba a cuidar... Es muy bonito porque el libro está repleto de reflexiones sobre la naturaleza, sobre el jardín, sobre la literatura, sobre cómo afrontar situaciones difíciles o imposibles, como la muerte.

P: *¿Qué impacto crees que va a tener la inteligencia artificial en este sector, o está teniendo ya?*

R: Pues espero que poco, la verdad. La inteligencia artificial que haga lo que no me gusta a mí, que planche, que ponga lavadoras, pero no quiero que me haga todo lo que me gusta hacer a mí. La verdad es que la inteligencia artificial irá aprendiendo de todo, pero hay una parte creativa que va a ser muy difícil de copiar. No digo que no se consiga, pero yo ya soy de otra generación y no sé cuál es el límite real en el plano creativo. Puedes decirle que te dibuje un elfo o te escriba un cuento, pero me parece difícil que sea capaz de tener su propia voz (literaria), o clonar la voz de un autor, de respetar su cadencia de los textos, su estilo personal... A lo mejor llega, pero vamos a ver qué pasa. Mira las traducciones, que tu coges un texto y lo metes en un traductor y cada vez es más perfecto, pero aun así tiene muchas lagunas, tienen que ser años y años de perfeccionar un modo de hablar, un léxico, unos giros del lenguaje. Si la inteligencia artificial nos quita la tarea tediosa de hacer un Excel y las facturas y todo esto, lo que no nos gusta a nadie en la editorial y hay que hacerlo también, pues maravilloso, pero la parte del oficio espero que no pueda con ella.

P: *Hay lectores, no pocos, que dicen que los libros son caros. ¿Tú qué piensas al respecto?*

R: Para mí no es lo mismo ser caro que valer mucho dinero. Si la gente supiera lo que cuesta el papel, lo que cuesta pagar al traductor, lo que cuesta pagar los derechos en caso de un libro traducido, lo que cuesta transportar el libro, lo que cuesta el espacio de almacenamiento, si hiciera un baremo, se darían cuenta de que el margen de cada libro para cada parte de la cadena es mínimo: para el traductor, para el escritor, para el librero, para el editor es una migaja. Claro que vale dinero un libro, y algunos puede que más de lo debido, pero no me parece que sean caros, incluso desde el nivel del aprovechamiento, tú pagas para entrar al cine, ves la película y te vas. Pero un libro... Tienes clásicos que los puedes revisitar y leer, los comics, ¿cuántos cómics hay que tienen un montón de niveles de lectura? Se lo lee un niño y se ha quedado en el primer nivel, y lo vuelves a leer veinte o veinticinco años después y dices "Madre mía, ahora entiendo todo esto..." Nosotros no tenemos tanta gente que proteste por eso, es verdad que intentamos ajustar mucho los precios. También es cierto que te compras 5 libros y ya son 100 euros, pero yo creo que la gente lo aprecia.

P: *¿Qué es lo que lee Susana Rodríguez cuando no edita, cuando puedes leer por placer?*

R: He acabado hace nada un libro de **Nórdica** que se llama **La Antártida del Amor**, que me ha gustado muchísimo. Yo soy muy fan de los autores nórdicos por las sutilezas que tienen y me parece un libro maravilloso. También he acabado hace poco **Una estela salvaje**, de **Kathryn Schulz**, que me lo recomendó precisamente Ana, la librera de Alberti. Por último, ahora estoy con **Todo saldrá bien**, de **Carolina Setterwall**. Me llamó mucho la atención el título. Es más suave que el de Nórdica, que es más incisivo, pero tiene mucha retranca. De momento, me está gustando mucho, sí.

De los delitos y las penas

POR ELHORA DANA
ILUSTRACIÓN EL NIÑO MÁRMOL

Llevo varios días intentando iniciar esta carta y no sé cómo. Soy consciente de que me encargaste este trabajo hace tiempo y que lo he estado dilatando.

Cuando me propusiste que rebuscara entre los olvidados, creí que iba a ser más fácil y es que había tantos que casi dejo pasar esos pocos folios doblados, ya amarillentos, atados con un cordel que se deshizo en cuanto intenté soltarlos, y que estaban escritos con una intencionada legibilidad. *La infanticida, "Jou de recors"*. No había fecha, ni firma.

Me detuve a leerlo cautivada por la antigüedad del material y el título que la prologaba. En esos diez folios estaba recogido el doloroso monólogo de una mujer encerrada en un manicomio acusada de la muerte de su hija recién nacida.

Después de esto no tuve problemas en averiguar quién era la autora y en enamorarme de ella. Deduje que era la historia de la pobre Nela, que Caterina Albert escribió a finales del siglo XIX. Otra cosa fue encontrar material de estudio y ediciones vivas de su obra.

He encontrado poco, pero me ha cundido mucho, no te creas y ha sido ciertamente difícil, por la escasez del material y el idioma en el que está escrito ¡Y qué decirte del resto de las actividades de la vida diaria! que parece que no, pero te quitan tiempo para la búsqueda y la reflexión.

No sabía qué enfoque darle a mi artículo. Todos los inicios que se me ocurrían estaban tan manidos y reoídos que me imaginaba que tu lector perdería el interés con solo la primera frase.

Lo intenté todo, de veras. Pensé en inventarme correspondencia entre Caterina y Nela, pero recordé que la pobre desgraciada no sabía escribir, porque su padre no se molestó en educarla y el canalla de Reiner, solo la enseñó modestia, prudencia, higiene y claro, a follar.

Otra opción fue representar el juicio de la pobre Nela, y me puse con entusiasmo a estudiar la evolución del delito de infanticidio en el ordenamiento español. ¿Sabías que se tipificó por primera vez en España en el código penal de 1822? Los legisladores entendieron este delito como una atenuación del de parricidio, influenciados por las nuevas teorías humanistas de autores como Beccaria y Feuerbach, pero la mujer debía cumplir una condición y es que fuera "honesta[1]" y que el acceso carnal hubiera sido a través de engaño o violación. El bien jurídico protegido no era la vida del infante, sino el honor familiar.

Con el código de 1848, se amplió el sujeto activo[2] a los padres de la mujer deshonrada, también el tiempo de comisión del delito, se pasó de 24 horas a 3 días desde el alumbramiento. También se rebajó la pena máxima de 25 a 4 años. ¡Que te parece amiga, todo lo que investigué y aprendí!

De hecho leí en uno de los miles de artículos consultados –sabes que soy muy dada a la hipérbole y repetición- que en los trabajos de las comisiones legislativas previas a la aprobación por el Congreso, el principal argumento que se utilizó con los parlamentarios para que

---

[1] Contenido en el artículo 612 del CP determinaba que se excepcionaba de la pena de muerte *a las mujeres solteras o viudas que teniendo un hijo ilegítimo, y no habiendo podido darle a luz en una casa de refugio, ni pudiendo exponerle con reserva, se precipiten a matarle dentro de las veinticuatro horas primeras del nacimiento, para encubrir su fragilidad; siempre que este sea a juicio de los jueces de hecho, y según lo que resulte, el único o principal móvil de la acción, y mujer no corrompida y de buena fama anterior la delincuente. Esta sufrirá en tal caso la pena de quince a veinticinco años de reclusión y destierro perpetuo del pueblo en que cometió el delito, y diez leguas en contorno.*

[2] Aquel comete el ilícito penal.

aceptaran esta reducción, era que para las mujeres ocultar su deshonra constituía un estímulo tan poderoso que frecuentemente producía un «arrebato ú obcecación», es decir, la pérdida del honor se convertía en una motivación enajenadora[3].

Y mientras la teoría de la culpabilidad se veía permeada lentamente por el pensamiento freudiano y se comenzaba a tomar en consideración el aspecto psicológico del delito y del perpetrador (conocimiento de la antijuridicidad de la acción y motivación en la comisión[4]) Caterina sentenció a la pobre Nela al internamiento en un manicomio, extendiendo la condena hasta el final de sus días. La sentencia con el código penal vigente[5] hubiera sido menor que la de Caterina. Tal vez no pudo perdonarla o tal vez creyó que solo con la locura se justificaban sus acciones.

No hubo piedad en la narradora. No la permitió defenderse, acudiendo a una audiencia pública para exponer su caso, tampoco señalar a los otros a fin de compartir la culpa y menos beneficiarse de una reclusión de pocos años. Se alió con su padre y con el amo para encerrarla de por vida a rumiar la culpa y la vergüenza, mientras esperaba a que Reiner fuera a por ella.

[3]Álvarez Martínez insistían en que «Hé aqui la razón de este capítulo: hé aqui el motivo de separarnos de la antigua legislación, asi como del código francés y del napolitano, que castigan el infanticidio con la misma pena que el asesinato: hé aqui también la razón de adoptar principios conformes con nuestro código de 1822, con el de Austria y el del Brasil, que minoran la pena del infanticidio cometido por la madre. La nueva ley ademas mejora las disposiciones de estos códigos, primero porque es mas esplícita, pues usa de la espresion de hijo que no haya cumplido tres dias en lugar de la de recien nacido usada en ellos y que podia dar lugar á dudas; y segundo, porque atiende también á que los abuelos maternos pueden ser escitados á cometer el infanticidio por el deseo de evitar la deshonra de la madre, es decir, por un estímulo muy poderoso.»

[4]Frente al valor jurídico de la vida, este delito excepcional (junto a otros como el uxoricidio por causa de honor), refleja el desmedido peso del valor jurídico del honor en la sociedad de la época, y su relación directa con la conducta sexual de las mujeres, consideradas desiguales y susceptibles de una especial protección todavía a finales del siglo xx. El Infanticidio. Configuración legal y aplicación jurisprudencial de un delito de honor en el Derecho Penal histórico español (1822-1995). Isabel RAMOS VÁZQUEZ Universidad de Jaén. España

[5]Artículo 424 de la Ley de 18 de junio de 1870, de Código Penal: La madre que por ocultar su deshonra matare al hijo que no haya cumplido tres dias será castigada. Los abuelos maternos que para ocultar la deshonra de la madre cometieren este delito, con la de prisión mayor. Fuera de estos casos, el que matare á un recién nacido incurrirá, según los casos, en las penas del parricidio ó del asesinato.

Caterina expuso la desigualdad entre hombres y mujeres, la brutalidad del sistema, la inexorabilidad del matrimonio como destino femenino, pero nunca propuso a sus mujeres luchar contra la norma, desgarrarla desde dentro a fuera y salir victoriosas, tal vez porque Caterina nunca militó en el feminismo radical. No todas las mujeres luchan de la misma forma y no todas quieren exponerse, algunas se refugian detrás del disfraz de un hombre.

Mientras leía el guion que le dio a Nela, pensé que Caterina era muy cobarde. Pero luego recuerdo lo que le hicieron a ella cuando lo presentó a concurso y mi opinión se dulcifica.

Este rechazo me llevó a valorar escribir sobre el periodo de la Renaixença[6], ya que Caterina participó en varios *Jocs Florals*, pero también lo deseché, porque ya con el primero, que además ganó (Olot en 1898)[7] y en el que presentó la historia de Nela[8], no solo no le fue reconocido el galardón, sino que supuso la pérdida de su identidad como escritora en favor de su alter ego masculino, creado para pro-

[6]La Renaixença fue un movimiento cultural centrado en la defensa de la lengua catalana, con ideario independentista y que tuvo su momento álgido en la primera mitad del siglo XIX, que de la misma forma que su paralelo el Romanticismo, ensalzaba sentimientos nacionales a través de narraciones de carácter histórico o costumbrista. Uno de los principales motores de esta corriente estuvo en los llamados Jocs Florals (Juegos Florales) justas, principalmente poéticas, donde se daban rienda a los sentimientos patrios, en este caso, catalanes a través de las composiciones literarias. Desarrolló un ideario de recuperación de la lengua catalana y en contra de la creciente diglosia de la clase burguesa (hablaban catalán, pero escribían en castellano)

[7]Estracto de la Memoria del secretario en los Juegos Florales de Olot de 1898 sobre la obra de Caterina Albert: «Lo que sobresortl desseguida fou lo registra ab lo nº 143 La infanticida, lema «Jou de rencors". Monólech en vers, tal vegada lo mellor del Certamen. Te un caracter, tant en lo fondo comen la forma, marcadarnent realista, molts ne diran modernista y prenentho aixls donchs, he de fer constar que lo Jurat entre lo que no es modernista y está plagal de frases buydas y ampolositats que no conduheixen a cap fi, inspirat tot en la poesía castellana, y lo que se'n díu modernista, realista, simbolista, com vulgueu! pero que traspua poesia i te xispas de sentiment, prefereix lo modern y en dona prova prerniant La infanticida, d'un realisrne que posa els cabells de punta, qu'esgarrifa y fa tremolar només de pensar que s'ha de posar en escena, pero que encanta perlo ben fet, perla correcció de la forma ... Actes de les primeres jornades d'estudi sobre la vida i l'obra de Caterina Albert i Paradís "Víctor Català" : L'Escala, 9-11 d'abril de 1992 / publicades a cura d'Enric Prat i Pep Vila.

[8]Las obras presentadas fueron el poema titulado Lo llivre nou y con el monólogo titulado La infanticida. Las dos obras fueron premiadas.

tegerse de las críticas y las agresiones de muchos de los intelectuales de la época[9].

Luego trabajé en otros movimientos culturales en los que ella podría haber participado, como el *novecentisme*, que de manera inmediata rechacé, porque desde mi perspectiva no fue un verdadero movimiento literario, sino el producto de una política cultural diseñada entre otros por el partido de la Lliga Regionalista, y que se dedicó a borrar a todos aquellos que no participaban dentro del catalanismo tradicional, ni escribían bajo sus premisas y reglas —negándoles la presencia editorial y por tanto el acceso a fondos públicos-. La independencia económica de la que gozaba Catalina la permitió seguir escribiendo según su gusto pero eso no evitó que le dedicaran epítetos como "*romántica*" y "*rural*" y comentarios a su obra afirmando que usaba un catalán anacrónico, mal escrito sin depuración lingüística, porque consideraban que no se ajustaba a los cánones lingüísticos recién aprobados por el Institut d´Estudis Catalans[10]. Así que pensé: *sobre estos no hablo que el estudio es mío ¡que se jodan!*

Luego me dirigí hacia el *modernisme*[11] del que en primera instancia surge el anterior *novecentisme* pero me pasó lo mismo. Caterina no podía enmarcarse plenamente en su canon. Ella vivió casi 100 años y este movimiento fue relativamente corto —algunos los centran entre la Exposición Universal de 1888 y la Semana Trágica de Barcelona en 1909- y su obra evolucionó poderosamente con el tiempo, mostrándose siempre libre y personal, muchas veces al margen de las tendencias y de las críticas, que no fueron pocas.

[9]Aunque ganó con ambas obras, este premio le fue retirado cuando se descubrió que la autora era una mujer. Pese a las alabanzas que constan en el acta del secretario se decidió retirarla el galardón cuando se descubrió su sexo. Caterina Albert, nunca volvió a firmar sus obras con su verdadero nombre y de hecho la obra no fue publicada hasta el año 1967 y tras su muerte en la obra Teatre inédit de Víctor Català.

[10]Introducción de Lourdes Sánchez Rodrigo a la obra "La infanticida" de Víctor Catala. Ediciones Esdrujula (Granada, 2022)

[11]Fue un movimiento cultural que literariamente se desarrolló en Cataluña al amparo de la llamada Renaixença y que está marcado por el intento de modernización y regeneración de la cultura y el lenguaje, que buscaba nuevos temas y formas de formas de expresión. Era un movimiento de carácter europeísta lo que chocaba frontalmente con las corrientes nacionalistas que también se desarrollaban simultáneamente y que pretendían a través de la cultura y la propaganda copar el poder, lo que a la postre provocó el decaimiento rápido del movimiento y el avance que éste había supuesto respecto de la novela naturalista (La infanticida, Victor Catalá (Granada, 2020) Esdrújula ediciones.

Desechado el encuadre literario, llegué a plantearme el inventarme un dialogo entre la escritora y yo, como si realizáramos una entrevista, pero cuando diseñaba las preguntas, me di cuenta de que casi todas tenían respuesta en otros ensayos y que para mí solo había una cosa que me quedaba por saber de la historia y era qué le llevó a condenar a Nela a la vida en un manicomio.

Caterina tenía 29 años cuando escribió la historia de Nela. Probablemente había oído hablar de ella a alguno de los payeses con los que trataba cuando iban a cobrar las rentas de la familia, porque ella se encargaba de gestionar el patrimonio familiar. Poco sabemos de los hechos por el relato, aunque de él intuimos mucho.

No nos da muchas pistas del lugar, pero podemos adivinar que ocurrió en un pueblo, que tenía una iglesia, una plaza, una masía, una baronesa, un molino que trituraba hijas, un senyor y una Nela. Pero claro, ¿no es verdad que todo pueblo tiene una iglesia, una plaza, una casa solariega, un molino, un senyor y una Nela? Cada uno con su nombre, pero todos con la misma historia.

Tampoco encontramos muchos personajes que nos puedan concretar más y son pocos los nombres que Caterina salteó entre los renglones; que si una baronesa llamada Restituta, que miraba con vanidad y recelo a la pobre Nela, que si un mozo llamado Ciset (demasiado vivo y lenguaraz), que habla sobre secretos que no le pertenecían con la Tana, mujer que perdió su nombre, en favor del de su marido, el Tano.

Que si un chivato, como le reprochaba Nela: *-un alma insignificante seca como un leño y que ahora se estará quemando en el infierno por lo que hizo. Pero también un vicario, guapo como un cristo, al que seguro todas las beatas iban a visitar a la sacristía después del rezo ¡Qué limpia estaba la iglesia mientras que él estuvo, y qué triste se quedó la feligresía cuando el arzobispado se lo llevó a otro sitio!-*

Seguro que tú, que tenías un Pueblo, también tenías una Nela con un padre con hoz y honor. Yo no tengo pueblo, pero he conocido a muchos padres así, a los que nunca se juzgaba porque el pecado nunca era suyo.

La pobre Nela creció con una madre ausente. Seguro que todos piensan que la madre falleció y por eso la pobre muchacha se crió sola. Mi opinión es que la madre se fugó y dejó a su marido y a sus hijos, huyendo del desamor y la violencia.

Eso explica la brutalidad del padre hacia su única hija y las duras palabras que la dedicaba, mientras le mostraba la hoz con la que pretendía ajusticiarla si le deshonraba[12], porque daba por hecho que eso pasaría. En ocasiones me he preguntado si ese molinero había echado antes a la muela a la madre de Nela.

Ese padre era uno de esos payeses, encadenados a la tierra, por algún contrato de aparcería y que no había logrado que el amo le vendiera los terrenos y el molino que trabajaba (de ahí la referencia a don Jaume, el hijo del amo)[13]. Amargado, huraño y brutal que no se preocupaba de su hija más allá de controlar que no callera en las garras de ningún Reiner, no por amor, sino por mantener su honor -esa cosa imposible de definir y acotar- al que se aferra el sometido y que solo se pierde por vía femenina, afrenta sin perdón, tenga quien tenga la culpa. Supongo que el padre de Nela tenía miedo que las indiscreciones de su hija generaran la expulsión de la familia de la masía.

Decían de Caterina que la ruralidad de sus relatos era brutal y escabrosa y ella se defendía contando que reflejaban la realidad que veía. Y seguro que Caterina, mientras cobraba las rentas de sus colonos veía como los padres de sus *Nelas* dejaban que la naturaleza[14], el desdén masculino y el miedo a la hoz, fueran sus profesores y así ¿cómo no enamorarse de Reiner? Ese senyoret, venido de la capital a pasar los calurosos veranos.

Seguro que Nela era apenas una jovencita recién salida de la infancia, cuando los ojos del joven Reiner se fijaron en ella. Yo creo que cuando llegó al pueblo, el aburrimiento ante los largos días estivales le llevó a buscar entretenimiento en algún sitio y como buen cazador[15]

[12](...) la guardo
para cortarte la en redondo esa cabeza de bruja
el día que me deshonres y rebajes ...
Mirala bien, perra bastarda, y piensa
Que aun tengo arrestos, y ella no es idiota.."

[13]Debido a distintos factores entre ellos la creciente industrialización, el éxodo de las zonas rurales hacia las diferentes polis, los cambios técnicos en la forma de cultivo, la competencia de otros mercados cerealistas más baratos (América, este de Europa y Ucrania), provocó un movimiento por parte de los colonos y arrendatarios que pretendían una mejora en sus condiciones contractuales y de explotación, que produjo la progresiva venta y pérdida de control de las tierras de los grandes rentistas. Un proceso llamado la derrota del rentista. Cuando el rentista no es derrotado: El caso de la rabassa catalana, 1890-1936 JUAN CARMONA Y JAMES SIMPSON. Historia Agraria, 89 Abril 2023 pp. 193-221

[14]Mi interpretación a esta afirmación es que Caterina se refiere a una formación autodidacta y por imitación de lo que recibía, primero con su padre ignorancia, amenazas y violencia y luego con Reiner normas de sumisión sexual.

[15](...) Cazaba mejor que el mayor de mi casa (...)

se dedicó discretamente a ojear. Es posible que la viera cuando bajaba al arroyo a por agua para lavar o mientras se refrescaba de los calores del verano, lozana, desinhibida, turgente e inocente.

Y después de ese primer avistamiento la expió, acercándose lentamente, para que la presa no se asustara y huyera, hasta que la tuvo entre sus redes, atrapándola con palabras amorosas, besos, caricias y un pretendido respeto.

Ella se dejó apresar entre promesas de amor y delicados cumplidos. Se amoldó a las necesidades del amante y se dejó pulir y educar transformándose en una mujer, discreta, recatada, limpia y ciega.

Y cuando llegó el fin del verano, él prometió volver, en cuanto terminara sus estudios. Todos sabemos ya como acaban estas historias, si tienes suerte con un corazón roto y la lección bien aprendida, si no.... con una hija molida por la piedra de un molino.

Pero ¿por qué Caterina trató así a Nela? No fue suficiente con el miedo que pasó mientras el hijo del senyor crecía día a día enraizado, firme y sin que ni el corsé o los palos lo arrancara de su vientre. No fue suficiente con la amenaza del filo de la hoz, ni con que el molino nunca estuviera vacío, para poder colgarse de una viga o tirarse al depósito.

Y no fue suficiente, ni siquiera que, cuando llegó el parto, el molino siguiera girando, porque la cosecha había sido buena y no se podía decir que no a nadie y entre dolores tuviera que embaucar a su padre (porque sólo es difícil la primera mentira) para poder parir en el molino.

Era así de pequeña, como una muñeca....

Los ojos cerraditos, la boca abierta...

¡La quise en seguida!

Y es allí donde Caterina falló. Por culpa de ese sentido trágico de la vida y el gusto por el folletín, que tanto estaba de moda, creyó que Nela había arrojado por miedo a la niña a la muela. Pero Caterina se equivocó, no pasó así. La niña se le cayó, fue un accidente, se asustó cuando oyó las voces que se despertaron con los llantos del recién nacido. Echó a correr ante el temor de que su padre pasara por la hoz a la niña y la niña se le cayó de los brazos. Allí es donde falla Caterina, no fue un infanticidio, fue un accidente.

¿Por qué, querida amiga, quién puede pensar que una madre arrojaría a la muela a su hija?

LA INFANTICIDA de Caterina Albert[16]

---

[16]Caterina Albert, nunca firmó sus obras como tal. Tras la experiencia en los Jocs Florals de Olot todas sus obras fueron publicadas con el seudónimo Víctor Catalá.

BIBLIOGRAFIA

CATALA, V (2022) La infanticida. Granada. Esdrújula ediciones

BECCARIA, C. (2014) De los delitos y de las penas. Barcelona. Alianza Editorial

CATALÁ, V (2023) Soledad. Traducción: d'Amonville Alegría, Nicole. Andorra. Trotalibros.

RAMOS VÁZQUEZ, I "El Infanticidio. Configuración legal y aplicación jurisprudencial de un delito de honor en el Derecho Penal histórico español (1822-1995).

HURTADO DÍAZ, A, Caterian Albert y Maria Luz Morales

GARCIA ORALLO, R.CRISIS, ENDEUDAMIENTO Y DESPOSESIÓN EN EL MUNDO RURAL CATALÁN DE FINALES DEL SIGLO XIX. Tesis doctoral dirigida por la Dra. Rosa Congost Colomer Departament de Geografia, Història i Història de l'Art Universitat de Girona.

CARMONA, J Y SIMPSON, J. Cuando el rentista no es derrotado: El caso de la rabassa catalana, 1890-1936. pp. 193-221 · Abril 2023 · Historia Agraria, 89.

ARMENGOL I CUSTAL, D. La Agricultura en el Alto-Ampurdan a mediados del siglo XIX

ARTEAGA IRIARTE, E. Caterina Albert y Grazia Deledda: Aproximación al tema de la mujer en su novelística.

da CUNHA PEREIRA, R Derecho y psicoanálisis La subjetividad en la objetividad de los actos y hechos jurídicos.

CAMARGO Y MARIN, C. El complejo de "supervivencia" como principio fundamental de la criminología psicoanalítica.

Los molinos Catalanes. Ministerio de Medio Ambiente y Medio Rural y Marino

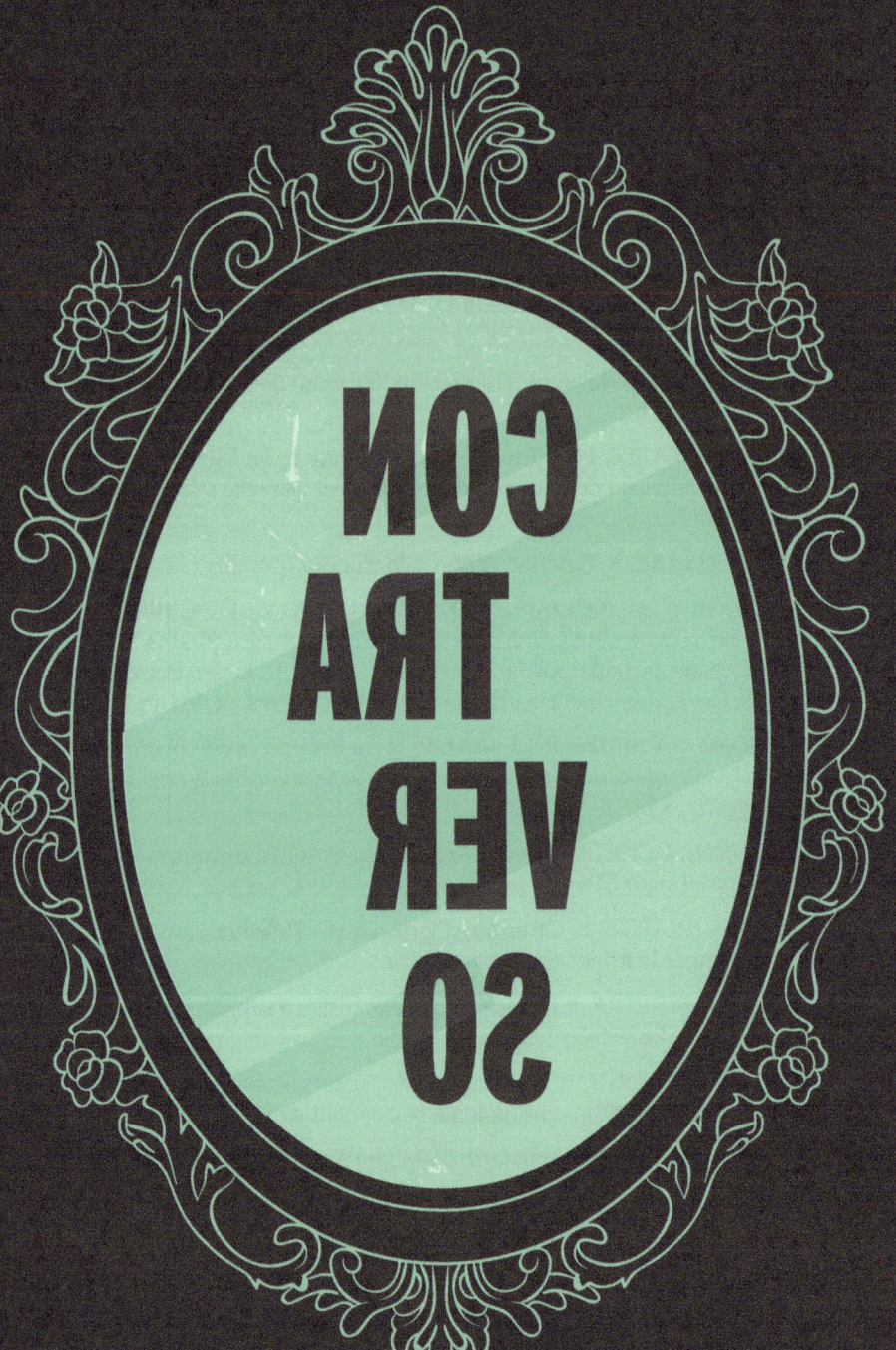

CON
TRA
VER
SO

No me llaméis cursi porque lea poemas de amor

POR CASTRO LAGO
ILUSTRACIÓN DIVERGENTE[84]

Cuando hablamos de poesía actual, a muchos les vienen a la mente libros llenos de versos aparentemente incomprensibles, reservados solo para unos pocos elegidos (o, como algunos piensan, para pedantes) capaces de descifrarlos. Y si nos referimos a la poesía de amor, ni qué decir: resuenan en sus cabezas los ecos de ripios y clichés que inundan las redes sociales y los tuits. Pero no voy a hablar aquí de la poesía más comercial ni de esos autores que dominan las listas de más vendidos, donde el número de segui-

dores parece pesar más que el talento, y lo sensiblero se destaca por encima de la verdadera sensibilidad. Como señala acertadamente Alberto Cubero en su ensayo *Qué entendemos por entender poesía*[1], cuando alguien dice que no se acerca a la poesía porque no la entiende, encubre que le da miedo. Mi intención en este artículo es abatir ese miedo y esos prejuicios y mostrar que la poesía amorosa de hoy es accesible, que sus emociones y formas de expresión son comprensibles para todos, incluso para aquellos que creen que la poesía está fuera de su alcance.

Los poetas contemporáneos van mucho más allá. No solo capturan cómo se vive el amor hoy, sino que también incorporan las riquezas de la poesía amorosa de otras épocas y las transforman con una mirada moderna, porque el amor sigue siendo un tema poderoso y universal en la literatura.

En los talleres que imparto, la poesía amorosa se convierte en una puerta de entrada a otros aspectos literarios más allá del tema. Este género me interesa especialmente porque los poetas actuales logran decir «te amo», «te quiero» o «te deseo» de maneras que jamás se habían expresado.

No voy a profundizar demasiado en aspectos técnicos como la métrica, el ritmo o las figuras literarias, aunque reconozco que son fundamentales. Mi objetivo es centrarme en lo que realmente conecta a los lectores: el amor, con todas sus múltiples facetas.

Los siguientes textos nos muestran cómo el amor, como experiencia compleja, nos conecta con las demás personas y es, además, un medio para conocerse a uno mismo, enfrentarse a la vulnerabilidad y hallar sentido en el caos emocional.

En este artículo incluiré poemas de amor escritos por poetas vivos que suelo trabajar en mis talleres de escritura. Cada poema seleccionado aborda la experiencia amorosa desde una perspectiva diferente. Te invito, lector, a seguir leyendo para descubrir una pequeña muestra de todo lo que la poesía española contemporánea tiene que ofrecer sobre el amor.

LA DEFINICIÓN DEL AMOR

Son cientos, miles o quizá cientos de miles las definiciones que hemos leído sobre qué es el amor, desde los sonetos de Lope o Quevedo hasta los ripios de esas postales llenas de corazones, pasando por los versos de algunos poetas de redes sociales. Diane Ackerman abre su ensayo *Una historia natural del amor*[2] con la frase contundente: «El amor es el gran intangible». A partir de esta definición poco ortodoxa, propongo que el lector, al final de este artículo, saque sus propias conclusiones.

Antonio Manilla (León, 1967) describe el amor, o dice que lo intenta, en su poema *Organolepsis*[3]. Para él el amor es (*Una desconocida que ilumina por un instante el mundo. / La fragancia escondida que el otoño descubre mientras pasa. / La piel sin muda, casi transparente, que viste a los bebés. / La explosión de una fruta veraniega en su sazón exacta. / El salto de una trucha que de pronto pone el acento al río*). En esta primera estrofa de versos de dieciochos sílabas, el autor hace una exploración a través de imágenes sensoriales (la vista, el olfato, el tacto, el gusto y el oído). El mundo se ilumina y desprende fragancias; el amor es puro, vulnerable y sin capas; es jugoso y efímero como la fruta; es un sonido que se presenta inesperadamente; aunque, sobre todo, el amor es fugaz y efímero como todo ello. Sin embargo, a pesar de este intento, el poeta reconoce la dificultad de capturarlo plenamente y concluye con cierta frustración (*Intento describir lo que es tu amor. / Con los cinco sentidos no me basta.*), es decir, se alinea con Ackerman en la idea de que el amor sigue siendo un gran intangible, pero bello y comprendido por todos, aunque no lo podamos definir.

LA FUGACIDAD DEL AMOR

A lo largo de la vida, experimentamos cómo algunas relaciones parecen perder su sentido o atracción. Es un proceso similar al apego que sentimos de jóvenes por una prenda de ropa de la que nos resistimos a desprendernos. Con el tiempo, al vernos en fotos antiguas, nos invade una mezcla de pudor y extrañeza al preguntarnos qué nos llevó a aferrarnos a aquella camiseta, pantalón o cazadora que, en retrospectiva, tal vez merecía acabar en el fondo del armario o incluso en la basura. **Itziar Mínguez** (Barakaldo, 1972), en su poema *Modas pasajeras*[4], establece una analogía entre esas personas y esas prendas de vestir, o viceversa (*Qué mal sientan algunas personas*) y con este humor, reflexiona sobre cómo, a veces, nos sorprende recordar vínculos pasados (*son como esas prendas /que extiendes sobre la cama / un día que decides / hacer limpieza*). Esos vínculos, al igual que la ropa que ya no usamos, nos resultan tan ajenos que apenas podemos creer que alguna vez formaran parte de nuestra cotidianidad (*no te lo puedes creer / las miras / y piensas:*). Y con ironía y cierto desdén, remata con un último verso, en el que, como tantas veces, con la visión adulta, miramos atrás, y sentimos vergüenza (*¿cómo pude ponerme esto?*).

Irene Domínguez (Toledo, 1996) aborda el amor fugaz desde una perspectiva diferente: la resaca emocional de una noche anterior de desenfreno. La protagonista despierta buscando conexión, anhelando el amor, pero enfrentándose a la cruda realidad de la mañana (*No sé qué hago esta mañana tendiendo la ropa /mientras las ojeras me llegan hasta los tobillos.*). Nos muestra su cansancio físico y emocional, y la vergüenza y el auto juicio se filtran en sus palabras (*No me aguanto y no quiero que nadie descubra / esta ropa interior descosida que no tiro. / ¿Qué hice anoche?*). Al recordar fragmentos de la noche anterior, la desilusión se impone (*Tal vez me besé con todos / mis amigos en la boca. Tal vez me enamoré / de una cara que no recuerdo, o tal vez descubrí / que prefiero la soledad apaciguada / a los amores que te llenan la cara de arrugas / a base de incertidumbres. Es la vida bonita así.*) y aunque intenta convencerse de que todo puede ser bello, no deja de creer que el amor es una quimera. Es, entonces, cuando una llamada de teléfono interrumpe y cambia el tono del poema (*Pero de repente me llamas al teléfono. / Es domingo y quieres que lo pasemos haciendo / bromas ácidas sobre otros.*) y recupera la fe en el amor (*Y yo vuelvo a creer en los milagros y en los chicos / como tú, / que aspiran a que compartamos juntos un mismo nicho.*). Este poema sin título , cargado de las contradicciones de quien es todavía joven, pasa del pensamiento pesimista de la fugacidad del amor a la intención optimista de envejecer con el ser amado.

EL AMOR INALCANZABLE

¿Quién no ha sentido la angustiosa sensación de que el objeto amado está fuera de sus posibilidades? **Francisco José Martínez Morán** (Madrid, 1981) refleja este sentimiento de manera discreta y profundamente sencilla en el poema *Causa*[6], ocho versos que nos recuerdan al amor cortés de comienzos del Renacimiento. En sus versos, el poeta invoca al amor (*Te llamo por tu nombre, /Amor, pero no acudes*), un inicio que deja entrever la distancia insalvable entre la realidad y el deseo. La voz poética se pregunta, entonces, (*Me pregunto si acaso es mi torpeza /la que me tiene lejos de tu abrigo;) y se inculpa (mi torpeza, y tan solo mi torpeza, /la que me niega el paso a tu morada.*) a causa de no conseguir alcanzar la morada del Amor. En este juego introspectivo, todo movimiento es intelectual, no hay acción física que intente romper la barrera, como si un miedo profundo lo paralizara. Finalmente, lo intenta por una última vez, y en ese intento, el poeta enfrenta la desgarradora contradicción de una voz clara que, sin embargo, no logra ser escuchada. El acto de llamar al amor se convierte en una experiencia solitaria (*Te llamo con voz nítida, / Amor, pero estoy mudo.*).

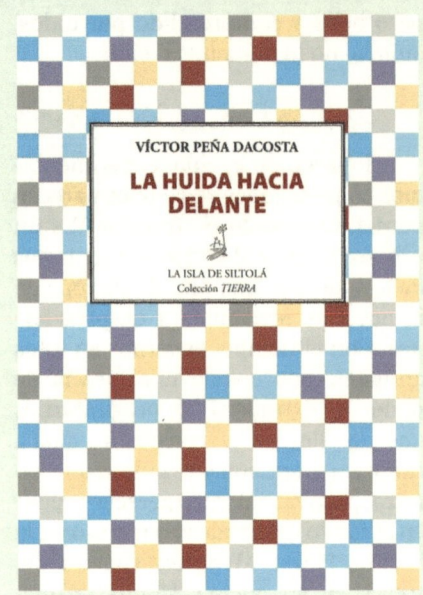

EL AMOR INSEGURO

Víctor Peña Dacosta (Plasencia, 1985), en su poema *Timidez*[7], explora la compleja mezcla de deseo, inseguridad e incomodidad a través de la visión de un amante que se encuentra haciendo el amor con una chica. En un primer momento, la observa como quien ve algo por primera vez, entre el asombro y la incomprensión (*Te miro como a un libro que no entiendo, / que alguien tuvo a bien regalarme / y del que aún no me he deshecho.*). Poco a poco, a pesar de esa desconexión inicial, comienza a notar algo que le atrae (*Eres guapa. No te conozco*). Al mismo tiempo, reflexiona sobre la falta de compromiso mutuo (*No te debo nada. Tú a mí, / la verdad, tampoco.*), entonces su emoción se transforma (*De pronto / me da vergüenza besarte*). Y es en el descubrimiento de esa vergüenza cuando el poeta manifiesta una crisis de incomprensión y nerviosismo que lo paraliza (*En ese instante de sofoco /en que nada comprendo*), hasta el extremo de que está a punto de llegar al orgasmo y no se atreve a decírselo a la chica (*ni siquiera / me atrevo a preguntarte si te importa / que me corra dentro*).

EL AMOR TELÚRICO

Diego Álvarez Miguel (Oviedo, 1990), en su poema *Enciendo la luz de la mesita...*[8], realiza un ingenioso juego lingüístico en el que, a través de la confusión deliberada de palabras, nos narra un viaje emocional y físico vinculado al amor. El poema comienza con una divertida distorsión (*Enciendo ta lud de la meseta y*) con la que rompe la lógica habitual del lenguaje y nos sitúa en un lugar donde nada es lo que parece. En esta mezcla de juegos sonoros y metáforas, descubrimos que (*resulta que lla nura es lo itsmo;*). A partir de ahí, el poeta entra en un vertiginoso recorrido por montañas y valles, siempre con el amor como guía (*me tienes acantilado, amor, cerro / no puedo menhir sin arenas verte: / valla donde playa te pienso, vaya / a donde valle te río; ínsula de ojos / abruptos, me cuencas y me tienes escalpado*). En esas confusiones se simbolizan las dimensiones y desafíos del amor, en cada término sugiere altibajos y espacios abiertos, vastos y, a veces, difíciles de atravesar. El amor es un terreno lleno de obstáculos pero bellos, donde el poeta va a la deriva, pero sin temor (*Gólfo decirte que te cabo, / amor mío, pen ínsula, tesoro; dime gólfo /decirte que estrá todo coral por el viento /que tec tónica la piel, colina, mon taña, /cordi llera que estés espérame, y dime / si re lieves o no re lieves porque / si re lieves, cueste lo que costa pienso / amarte yo también; no cima solo, / ni duna vez, ni dos veces, ni tres, / sino siempre.*) y convierte el poema en un triple viaje: la tierra, el amor y la persona amada.

EL AMOR CONYUGAL

Pasado el amor adolescente y fugaz, puede llegar (o al menos la mayoría lo busca) un amor que tenga la madurez suficiente para ser, a veces, amor tierno, afectuoso y otras, procaz y rabioso.

En el primer ejemplo, *Pura transparencia*[9], **Rubén Martín Díaz** (Albacete, 1980), en un poemario que poetiza sobre máquinas, procesos, y polígonos industriales, encuentra el momento para describir su llegada al hogar y disfrutar junto a su esposa de una conexión profunda, erótica y espiritual. Comienza directamente con la penetración simbólica donde el placer

y el dolor se encuentran, donde el fuego y la luz crean algo nuevo como el Big Bang (*Puse la yema de un dedo en tu sangre. / Con toda la pasión de un loco / amé tu vivo cuerpo / desde el centro hacia fuera, como rosa / que se vierte en espinas, / como estrella inflamada de mineral celeste / golpeando a fuego de firmamento.*), para pasar a mostrar una intimidad e identidad entre ambos como ninguna pareja fugaz podría conseguir (*Admiré desde dentro la pura transparencia / de tu sexo licuado con mi sexo.*). El poeta quiere explorar y abarcar a su amada con su instinto más primitivo y feroz y poseerla (*Ebrio en el vientre de la noche, quise / lamerte los contornos, / vaciarme entero en tus entrañas / como río de lava, / como bestia arrojándose al abismo de tu respiración.*). Casi al final, con unas imágenes que sugieren la rendición de ambos cuerpos al último placer (*Conocí los albores de tu sueño colmado, la blanca estela / de un suspiro final.*), concluye con dos imágenes potentes: la de dos amantes frágiles y sin defensas, ella como un recipiente modelado por él; y él, como un ave (*En tus manos fui un ave vencida por el viento. / Convertida en arcilla / fuiste cuenco de mí.*), para regresar al comienzo y darse cuenta, sobre todo, de la imperfección propia (*Puse la yema de un dedo en tu sangre: / toqué mi imperfección en tu desnudo.*).

En una línea similar, encontramos el soneto *Versiones*[10], de **David López Sandoval** (Córdoba, 1975) donde la voz lírica interroga a su amante acerca de las múltiples versiones que podría adoptar, pues en el amor, los roles pueden alternarse entre lo tierno y lo salvaje (*Qué versión te apetece esta mañana:*). Ya sea una versión que emana pasión con sus juegos preliminares (*la que te ata a la cama y te castiga / a cadena perpetua de fatiga / y a trabajos de lengua y filigrana*); o una versión que recurre a máscaras que simulan dominación o juegos bélicos (*o la que entra de pronto y te profana, / la que te parte en dos, la que te obliga / a ser bajo las mantas la enemiga / más salvaje, más sucia y más fulana?*). Y el poema continúa en los dos tercetos con una serie de dualidades que profundizan en una versatilidad más sofisticada (*¿Qué versión: la ilustrada y europea, / o la caníbal ávida de excesos; / la que te asalta a fondo y te saquea, / o la que busca el ala de tus besos?*) para cerrar el poema con dos opciones que, en esencia, ambas expresan un amor profundo (*¿Qué exclusiva versión quieres que sea: / la que ama o la que muere por tus huesos?*).

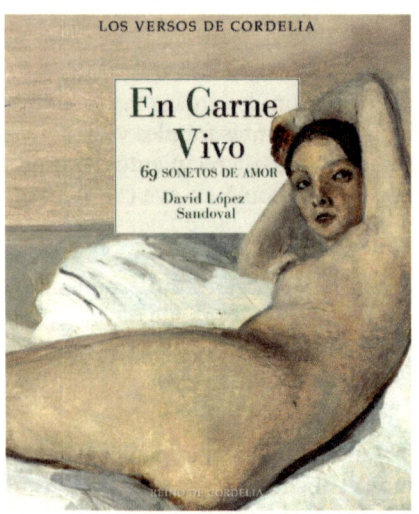

EL AMOR CÓMPLICE

A veces la amistad y el amor se encuentran en una frontera difusa, como en el poema *III*[11], en prosa poética, de **Emily Roberts** (Ávila, 1991), donde la voz poética trae a la memoria un recuerdo juvenil (*Una vez tuve una amiga que robaba*). Su amiga no robaba cualquier cosa, sino pequeños objetos cargados de simbolismo, aunque de escaso valor material (*Anillos de las tiendas de chinos y baratijas en los mercadillos, gomas de borrar y lápices y llaveros.*). La complicidad que unía a las dos chicas hacía que los principios éticos se tambalearan y las convicciones se volvieran inciertas (*Yo pensaba: esto está mal. Esto es robar.*), sin embargo, el amor o la amistad cómplice —como la queramos llamar— se impuso dejando de lado cualquier juicio (*Pero era mi amiga, y la quería.*). Cuando los hurtos tienen un destinatario concreto (*Un día robó un anillo para mí*) la percepción cambia y los dilemas morales se olvidan (*Eso era el amor: aprender el valor de los objetos robados. Así que me lo puse y juré que nunca me lo quitaría.*). El tiempo pasó y el amor caducó y (*Mi anillo perdió el color y el anillo perdió a mi amiga*) entonces se sugiere una sensación de impotencia y falta de pertenencia, porque el amor se siente o se entrega, pero no nos pertenece nunca del todo (*Cómo denunciar entonces / la pérdida que nunca / ha sido tuya.*).

EL AMOR PROHIBIDO

El siguiente poema, titulado *Afortunado*[12], de **Juan Antonio González Iglesias** (Salamanca, 1964) celebra el privilegio de una relación amorosa en la que se reconoce dichoso por tener a su lado a alguien a quien admira profundamente, tanto por su aspecto como por su carácter (*Afortunado el hombre que despierta / junto a un treintañero con barba de oro / al que admira / por la dulzura* de sus dones, / y por su integridad y por el gesto / sereno con que afronta lo pequeño y lo grande.*). Para el poeta, esta conexión representa lo más sublime de la vida y del amor hasta el punto de considerar que quien posea un vínculo similar será tan afortunado que será envidiado en el presente y en el futuro (*Afortunado el hombre que llama compañero / al que comparte todo con él, en un golpe / de amor que repercute en toda su existencia. / Otros en el futuro se amarán como ellos.*). En cada repetición de la palabra «afortunado», el poeta enfatiza distintas facetas de la conexión amorosa: primero, el privilegio de admirar a su amado; después, la fortuna de poder llamarlo «compañero», un término que evoca igualdad, complicidad y entrega; a continuación, la protección que siente gracias a su presencia (*Afortunado el que puede afirmar que confía. / El que habita junto a un valiente. / El que está protegido por su fuerza cercana / y recibe de pronto una mirada suya.*). En esta relación ambos son invencibles (*Aunque son vulnerables, ya son invulnerables.*). Y con el último «afortunado», el poema se cierra con una imagen de alegría y ligereza, revelando que este amor, además de todo lo expresado, también ofrece felicidad y disfrute (*Afortunado el hombre que camina junto a un hombre risueño.*).

EL AMOR A UNA MISMA

Podría haber titulado este apartado en masculino genérico, pero el ejemplo con el que lo acompaño está escrito por **Aurora H. Camero** (Bogotá, Buenos Aires, 1994, y residente en Madrid), cuyo poemario[13] aborda la compleja adaptación a su cuerpo de mujer. Es un poema que juega con las

Aurora H. Camero
Violeta

Accésit del I Premio Ana Santos Payán
para Proyectos de Libros de Poesía

La Bella Varsovia Poesía

cursivas y redondas, dobles paréntesis o versos encadenados, como en un intento de describir su propio aspecto fragmentado. Es un texto que parece entregado al lector para que lo recomponga, un texto desnudo, que comienza con una muestra de sí misma (*Si mi desnudez / se pliega sobre sí / ¿quién la recoge?*) y expresa una necesidad de afecto y contacto (*para probar la vida / tan cerca de la boca que pide / una caricia más*). Esta necesidad refleja su rechazo a la soledad (*pues teme el silencio / y yo temo el silencio / ((corazón de mi noche)))*. El amor que siente, como su cuerpo, a veces no encuentra palabras para definirse, pero eso no quita que el deseo y el placer estén presentes (*me desnuda / me llama / las palabras cuelgan de mí / y yo juego / peligrosamente al deseo que me busco*) y ese deseo y ese placer se yuxtaponen con la muerte, como algo infinito, creando una tensión entre lo efímero y lo eterno (*se antepone la muerte / y yo amo / por encima del minuto que nos sepulta*). El poema concluye regresando al cuerpo, que se construye desde lo diferente, como un ángel atrapado en lo terrenal, un cuerpo que ahora encuentra palabras para definirse. Y, como todos los cuerpos, necesita del contacto y el reconocimiento (*el ángel es esclavo / y yo espero / un nombre al calor de las costuras / igual que un corazón decapitado/tan cerca de la boca que pide / una palabra más /para abolir el silencio / en el momento en el que brota la herida / allí empieza mi desnudez*). En este poema la desnudez, la entrega, es a la vez vulnerabilidad y fortaleza.

EL AMOR MÍSTICO

De la misma manera que los místicos de los Siglos de Oro recurrieron a la naturaleza para encontrar sus metáforas de la unión amorosa, **Juan Gallego Benot** (Sevilla, 1997), en su poema IX[14], nos conduce a un universo espiritual donde el nombre de la persona amada resuena constantemente en el poeta (*tiene tu nombre en mi boca / un ruido claro de alondra elevada y*) donde la alondra, siguiendo la tradición clásica, simboliza lo divino y lo transformador, la pureza, la ligereza, la libertad y la alegría. El poema se sitúa, además, en el amanecer (*desnuda; la lluvia en ellos / refleja el alba, / tú cantas*) evocando una nueva luz, donde el ser amado expande sonidos que podrían interpretarse como los suspiros o el goce del amor. La segunda estrofa sugiere un ciclo de vida, una mezcla de lo vital, como es la sangre, y lo renovador, como es el agua que va a dar al mar, que podría ser la vida misma o el sudor del esfuerzo amoroso (*vuelan las alas al aire / regando sangre con agua; / limpias mi llanto verde, / la mar se alza / al alma*). Este poema es una exquisita forma de sugerir la presencia de alguien amado y cuyo amor transforma y eleva al poeta, que lo sana y purifica.

LOS AMORES MÚLTIPLES

El poema *Epifonema*[15] de **Carlos Catena Cózar** (Torres del Albanchez, Jaén, 1995) nos invita, con sencillez y claridad, a reflexionar sobre la soledad y las conexiones humanas, abriendo la puerta al tema del poliamor. Comienza con una declaración contundente y algo cruda (*Un hombre solo es un hombre solo, / una mujer sola es solo una mujer,*) recordándonos que la soledad es una experiencia común, sin importar género o identidad, aunque quizás la soledad no sea lo que el ser humano busca. Pero el poema da un giro, y con ello, surge la riqueza (*pero un hombre y otro hombre / y más mujeres, / o una mujer y otra mujer / y más mujeres,*) demostrando que, cuando las personas se conectan se abre un abanico de posibilidades en el que el amor y las relaciones pueden tomar múltiples formas desafiando las normas tradicionales y celebrando la diversidad y la libertad de los vínculos, dejando claro que no existen reglas fijas. La diversidad, la unión y la libertad se presentan como un contrapunto poderoso a la idea de aislamiento. Todo culmina con un verso final, el verdadero epifonema, que deja la puerta abierta a la imaginación (*pueden ser tantas cosas.*).

LOS HIJOS DE LOS
HIJOS DE LA IRA

BEN CLARK

EDITORIAL
DELIRIO

EL AMOR PERSISTENTE

A pesar de amar, el amor no siempre es suficiente (*Cuando ya no es posible cuando ya / y ya no y es que todo es demasiado / yo puedo amarte aún*). En el poema *Envídiame, yo puedo amarte aún*[16] de **Ben Clark** (Ibiza, 1984), el poeta lucha con las palabras que se sienten insuficientes para sostener que se desvanece ante la negativa del otro (*Cuando tú y cuando entonces y después / y me dijiste y puede que si hubiéramos / yo puedo amarte aún*) —ese «hubiéramos» es amenazante—, o cuando recuerda que hubo una presencia de terceros (*Cuando ella y cuando él y las llamadas / y las veces que no respondía,*) que alguna vez pudieron eclipsarlo todo. Pero el poeta, incluso ante esos incómodos recuerdos, reafirma con vehemencia (*en ese mismo instante,*) que su amor sigue intacto, eterno, y lo proclama como una fuerza invencible que se eleva por encima de todo (*no*

después sino ahora y no hace falta / decírtelo de nuevo pero sí:*), como una declaración de amor superior a los amantes (*yo te amo por encima de nosotros.*) en que ese amor persiste como un acto de resistencia.

EL AMANTE ABANDONADO

Afortunado quien no haya sido abandonado por una pareja a lo largo de su vida. **Francisco José Najarro** (Zafra, 1987), en su poema *La ducha*[17], personifica y otorga a este mobiliario de baño sentimientos y sensaciones como la melancolía o la soledad. La ducha, símbolo de desnudez y vulnerabilidad, se convierte en un lugar cargado de rutinas y recuerdos de intimidad compartida (*La ducha sin nosotros no es la misma. / Escucho su tic-tac de reloj de agua, / impaciente como el despertador / que me grita porque he dormido solo, / y las sábanas pesan como un mundo, / y fuera hace un frío de desagüe...*). La vida del poeta abandonado se transforma drásticamente con la ausencia de la persona amada, a quien compara con una sirena —no de mar, sino de ducha— (*Ya te digo que la ducha no ha vuelto / a ser la misma desde que te fuiste, / que solo acuden a ella viejos verdes / como musgo sobre tu piel de piedra, / de sirena de cloro y agua de grifo, / vaso para mis labios y su sed.*). La ducha, antes un espacio compartido, se torna un reflejo de su desolación. La última estrofa es una confesión de pérdida total, en la que como un niño herido, necesita dejar claro —aunque sea en un único verso— que su pérdida lo tiene desolado (*Y yo tampoco soy el mismo sin ti,*). Incluso traslada sus emociones a otros elementos triviales que parecen alterarse por el abandono (*y hasta la fac-*

tura del agua cambia, / haciéndose más pequeña en tu ausencia, / como todo. No sé si aguantaré / más tiempo sin ducharme, con olor / a esposo abandonado.). Finalmente, el poema cierra con una despedida que suena más a súplica (*Vuelve pronto.*).

EL FIN DEL AMOR

El amor puede extinguirse por innumerables razones, y una de las más profundas es la incomunicación. **Ben Clark** (Ibiza, 1984) retrata con precisión, en el siguiente poema[18], ese vacío que se instala entre dos personas, un silencio que probablemente llevaba tiempo gestándose, casi inadvertido. Sin embargo, hay un instante crucial, un momento en que uno de los dos lo percibe con claridad (*Es cierto, el silencio se creó / el día en que ni tú ni yo escuchábamos. Un día que sin duda fue un domingo / —o un lunes, tanto da—*), como si de repente todo cobrara sentido. Ese despertar puede suceder en cualquier actividad, como por ejemplo, durante la compra (*y comprábamos pollo / —siempre comprando pollo—*), es entonces cuando comprenden que algo esencial se ha perdido: la conversación; y se enfatiza ese silencio terrorífico que surge en una pareja (*Y en la cola dijiste exactamente / nada, / y yo en correspondencia contesté / precisamente nada,*). Ese silencio se convierte en un acto deliberado, un acuerdo tácito (*y fue tanta la nada que hizo cola / que llegamos a casa y nos dijimos / nada, muy despacito, / para que se entendiera sin equívocos / que juntos inventamos el silencio.*). El poema se cierra con una reflexión irónica y sombría en la que el pollo que compraron se transforma en un símbolo del cadáver en el que se ha convertido la relación (*Y que aparte del precio de un paquete / de arroz y de un cadáver, / hacerlo no nos había costado / nada.*).

Esa epifanía puede suceder a ambos miembros de la pareja o, más dolorosamente, a uno solo, como sucede en el poema *¿Tú fumabas?*[19] de **Rosa García Perea** (Sevilla, 1965). En el texto, una pareja se encuentra en un restaurante (*El camarero se volvió / y preguntó si querían una mesa fuera o dentro. / Por lo del trabajo, dijo.*), en ese momento, él la mira y, como si se tratara de una desconocida, pregunta (*¿Tú fumabas?*), a lo que (*Ella negó con la cabeza.*). Esa pregunta que podría parecer inocua, se convierte en una epifanía (*Justo en ese momento supo / que no era el hombre de su vida, aunque fuera el de su cama hacía meses.*). Para ella, la falta

de interés supone un desprecio y le hace sentir dolor, como el de un vaso que se hace añicos al caer (*Que su indiferencia le partiría el corazón / en pequeños cristales que navegarían por heridas viejas.*). No obstante, ella tiene la suficiente fortaleza para no levantarse y marcharse (*Pero aun así, / se sentó a cenar con él.*).

EL AMOR AGRESOR

Dafne, la ninfa acosada por el dios Apolo, es convertida en laurel por su padre para salvarla de su perseguidor. En el poema titulado como ella, *Dafne*[20], de **Olalla Castro** (Granada, 1974) —del cual solo citaré algunos fragmentos debido a su extensión—, la protagonista ofrece un monólogo cargado de reproches hacia su padre, cuestionando el modo en que decidió ayudarla (*Yo quería escapar, padre [...]. Aún no entiendo por qué, en lugar de ayudarme a correr más deprisa, cavaste un hoyo negro para mí y hundiste en él mis piernas.*). En lugar de otorgarle la libertad la ha convertido en un árbol que no puede ni zafarse ni defenderse de nadie y lo que debía ser un muro para protegerla (*De ti he aprendido que a veces el amor se parece a una tumba;*) se convierte en sufrimiento, porque Apolo regresa a ella una y otra vez y no se lo puede impedir. En su monólogo, denuncia lo que Apolo llama amor y ella considera «tumba», «derrumbe» o «ruido», en una palabra: violencia, (*Todavía oigo su voz, padre. Algunos días vuelve, se abraza a mi tronco, me susurra. Algunos días habla y llama amor a esto y ni siquiera tengo oídos que taparme.*). Y lo peor es que no son solo palabras, sino también las manos de Apolo y su sexo tocan su tronco mientras ella permanece indefensa (*Sus manos ya*

eran hoces cuando yo te imploraba. Su sexo ya era un hacha. Su único deseo era la tala.). En el último verso —de los tres versos extensísimos que componen el poema—, Dafne rechaza que la consideren oráculo porque se haya sacrificado, pues no ha sido así, así que, cuando llega el viento, manifiesta su rabia dejando caer sus hojas (*Solo mis ramas se agitan con el viento, como si ese vaivén contuviese un lenguaje y pudiera decirse así la rabia, dejando caer una a una las hojas.*). Este poema es un alegato contra la opresión disfrazada de amor y del sacrificio impuesto a las mujeres en nombre de la protección.

EL AMOR EN LA SALUD Y LA ENFERMEDAD

Hay un grado en el amor que se demuestra tras un tiempo en pareja y muchas experiencias compartidas: un amor que acepta lo imperfecto, lo sucio y lo vulnerable de la otra parte. En su poema *Manchas*[21], **Martha Asunción Alonso** (Madrid, 1986) plantea que la autenticidad y la profundidad en las relaciones no pueden mantenerse desde la distancia impoluta, el verdadero amor implica ensuciarse, involucrarse y aceptar la «mancha» de la vida compartida. Los humanos, como el resto de animales, construimos el hogar ensuciándonos (*Las golondrinas y las cigüeñas, / los pájaros más fieles del cielo, ensucian / cuanto tocan al construir sus nidos. / Las mamíferas lamen / sin escrúpulo alguno la placenta, / la sangre donde vienen sus cachorros.*). En las bodas subrayamos la permanencia en la salud y en la enfermedad porque la experiencia demuestra que, durante esta última, las parejas suelen enfrentarse a sus mayores pruebas, que con frecuencia llevan a la ruptura; pero no siempre (*Hay mujeres enfermas y hay hombres / que las aman: les sostienen / la sombra en el aseo.*). Este amor, que se enfrenta al sufrimiento y la fragilidad, es el que realmente madura, porque (*Nada sabe del otro quien siempre lleva guantes.*). El amor, tarde o temprano, requiere aceptar las manchas inevitables, esos fluidos esenciales, especialmente aquellos que acompañan el nacimiento y los comienzos de la vida, por lo que la poeta acaba con la siguiente sentencia: (*Para aprender de amor, / hay que abrazar la mancha.*).

EL AMOR MÁS ALLÁ DE LA MUERTE

Si inicié este recorrido amoroso con **Antonio Manilla** (León, 1967), quiero cerrarlo también con otro de sus poemas: *Sarcófago degli Sposi*[22], inspirado en la célebre escultura etrusca que, a modo de ataúd, alberga a una pareja que parece feliz, aunque quizás solo lo aparenta (*Si no fuimos felices, lo parece. / El uno junto al otro para siempre / disfrutando del vino y los placeres: conversación y danza: el rumor de una fuente.*). El texto nos invita a reflexionar sobre cómo lo superficial —cenas, música, risas— no necesariamente definen la felicidad de una pareja. Quizás esta en particular sí lo fuera, sin embargo, no siempre una pareja es lo que muestra, porque cada una encuentra la felicidad a su manera. Y, a lo largo de una vida prolongada, son pocas las que logran conservar el mismo grado de felicidad con el paso del tiempo (*La estatua de pareja que contemplas / nos presenta tendidos, en medio de una cena. / Entonces, cuando el mundo era una fiesta / y nada presagiaba el fin de nuestra estrella.*). Al final, cuando ya apenas nos queda vida, lo que permanece es lo bello que se recuerda, y lo triste y lo doloroso se transforman en restos sepultados bajo la escultura que inmortaliza dos sonrisas (*Lo que vino después, a quién le importa. / Tú mira nuestra risa: el oro y la escoria. / queda para nosotros lo triste de la historia, / reducido a ceniza, bajo la terracota.*).

A MODO DE CONCLUSIÓN

La poesía amorosa, en sus múltiples matices y formas, sigue siendo un espejo poderoso de nuestra experiencia humana, la poesía amorosa es, quizás, la ciencia del corazón, que nos analiza desde el amor apasionado hasta el amor que se desvanece, desde el amor maduro hasta el que apenas empieza, cada verso traza un mapa emocional que nos invita a reflexionar sobre nuestras propias vivencias.

Los poetas contemporáneos no solo rescatan las tradiciones del pasado, sino que las transforman y enriquecen, dándonos nuevas formas de entender lo eterno e inmutable del amor. Son cientos, cientos de miles los poemas que he dejado fuera, pero aquí tenéis una muestra de veinte poemas de amor que merecen la pena ser leídos.

Llamadme cursi porque me guste leer poemas de amor, pero leer poesía de amor es un acto valiente que implica descubrirse vulnerable, aceptar las contradicciones y explorar las verdades que a veces tememos enfrentar de ese gran intangible que es el amor.

Castro Lago
(Cádiz, 1972) es profesor y escritor

[1] Cubero, A. (2017), *Qué entendemos por entender poesía*, Madrid, Escolar y Mayo editores.

[2] Ackerman, D., (2000), *Una historia natural del amor*. Anagrama, Barcelona, 2000.

[3] Manilla, A. (2016), *En caso de duda y otros poemas de casi amor*, Palma de Mallorca, Editorial Sloper.

[4] Mínguez Arnáiz, I., (2016), *Que viene el lobo*, Sevilla, La isla de Siltolá.

[5] Domínguez, I. (2022), *Pureza*, Madrid, Rialp.

[6] Martínez Morán, F. J. (2021), *No*, Valencia, Pretextos.

[7] Peña Dacosta, V., (2014), *La huida hacia delante*, Sevilla, La isla de Siltolá.

[8] Álvarez Miguel, D. (2015), *Hidratante Olivia*, Madrid, Hiperión.

[9] Martín Díaz, R., (2023), *Lírica industrial*, Madrid, Rialp.

[10] López Sandoval, D. (2021), *En carne vivo, 69 sonetos de amor*, Madrid, Reino de Cordelia

[11] Roberts, E., (2014), *Animal de huida*, Madrid, Ediciones Oblicuas

[12] González Iglesias, J. A., (2015), *Confiado*, Madrid, Visor.

[13] H. Camero, A. (2023), *Violeta*, Barcelona, La Bella Varsovia.

[14] Gallego Benot, J. (2020), *Oración en el huerto*, Madrid, Hiperión.

[15] Catena Cózar, C., (2023), *Estar con otro*, Valencia, Pre-Textos

[16] Clark, B., (2016), *Los últimos perros de Shackleton*, Palma de Mallorca, Sloper.

[17] Najarro, F. J. (2009), *La vespa amarilla, Zafra*, autoedición.

[18] Clark, B., (2017), *Los Hijos de los hijos de la ira*, Madrid, Delirio.

[19] García Perea, R., (2019), *Breviario para malas mujeres*, Córdoba, Berenice.

[20] Castro, O., (2022), *Las escritas*, Córdoba, Berenice.

[21] VV.AA., (2016), *Re-generación*, antología de poesía española (2000-2015). Selección de José Luis Morante, Granada, Valparaíso.

[22] Manilla, A. (2016), *En caso de duda y otros poemas de casi amor*, Palma de Mallorca, Editorial Sloper.

Contra
Cuento

POR
MÓNICA GUTIÉRREZ
ISOLDA PATRÓN COSTAS
DANIEL GASCÓN
JOSÉ ÁNGEL MAÑAS
ILUSTRACIÓN IVÁN
LUNA PINEDA

Le hemos pedido a cuatro autores un cuento partiendo de la siguiente premisa:

Es el invierno más crudo de las últimas décadas. La temperatura hace varios días que no suben y una gran nevada nos deja aislados, no sabemos si es una situación definitiva o temporal.

¿Estamos atrapados?

Los nuevos inviernos en el jardín interior

POR MÓNICA GUTIÉRREZ

auro, ¿ha visto a Calcetines?

Es Martina Roset, del tercero primera. Media melena color chocolate, gafas de bibliotecaria amable, grandes ojos grises y el pijama de Harry Potter asomando por debajo de una sudadera gigante. Cumplió cuarenta y seis hace poco, es guapa a rabiar y escribe novelas de misterio en las que los personajes beben litros de té, comen galletas deliciosas y nunca se les acaba el ingenio. Lo sé porque me las he leído todas. El señor Carmelo, el carpintero jubilado del quinto segunda, construyó unas robustas estanterías de madera, de pared a pared, para que los vecinos del edificio Bécquer disfrutaran de una biblioteca de intercambio, y la señora Roset llenó más de la mitad de las baldas con un montón de novelas. Las suyas son las mejores.

Como va descalza, me despista su pregunta hasta que caigo en que está buscando a su gato, un mal bicho de color naranja que me bufa cada vez que tenemos el infortunio de cruzarnos. Martina Roset suele ser más simpática, pero la preocupación por ese animalote del demonio imprime urgencia a sus palabras. Alguien debería decirle que a un minino de casi ocho kilos de peso y cerebro maquiavélico ni se le ocurriría traspasar las puertas del bien caldeado edificio con la que está cayendo ahí fuera desde el pasado noviembre. Y en el caso de que hubiese salido de excursión, a mí me preocuparían más los pobres empleados municipales que trabajan con los quitanieves y las palas, despejando calles y carreteras: cruzarse con ese mamífero peludo hostil, con toda probabilidad descendiente de un dientes de sable con especial mala leche, no le augura un buen día a nadie.

Estoy a punto de ofrecerme a buscarlo en mi ronda mañanera de costumbre, cuando la campanita del ascensor suena y Sandemetrio, el dentista del octavo primera, sale en tromba y cruza el vestíbulo a toda velocidad. Se detiene en seco frente a la puerta principal y nos da la espalda, mirando impaciente la blancura del exterior. Este es el tercer invierno desde que la nieve llegó para quedarse y no parece que hoy vaya a ser la excepción: cielo gris marengo recién despierto, luz mortecina, ausencia de viento, calles invisibles bajo metro y medio de nieve inmaculada que se ha depositado durante la noche. Consulto a menudo la previsión del tiempo, por si este enero ocurriese un milagro y nos regalase un día por encima de los cero grados, y sé que hoy no va a ser ese día. La normativa del Ayuntamiento específica que todo ciudadano con una pala puede salir a despejar la calle en la proximidad de su vivienda, pero solo en el caso de que el termómetro no haya bajado de los cero grados centígrados. Los quitanieves y los empleados municipales no pasan por delante del Bécquer hasta las diez y media, si hay suerte, aunque Sandemetrio se cree tan importante como para cambiar ese horario con solo mirar fijamente a través de la puerta de cristal del vestíbulo y murmurar maldiciones.

—¿Dónde está mi autobús? —pregunta entre dientes.

Lo que Sandemetrio se empeña en llamar autobús no es más que una especie de acorazado que los ingenieros estatales han adaptado para facilitar transporte a los profesionales que, pese a la nieve y las bajas temperaturas, no pueden teletrabajar. Al dentista del octavo primera, padre de unos temibles trillizos de ocho años y yerno de La Diva, los ingenieros estatales le han salvado la vida al permitirle salir de casa a diario.

—¡Usted! —sisea girándose de improviso, señalándome con un dedo acusatorio y fulminándome con sus ojillos negros a punto de desaparecer bajo las tupidas orugas de sus cejas—. ¿No lo despedí?

—Sí, señor. Despidió al portero anterior —me apresuro a mentir—. Yo soy el nuevo, Mauro.

No me molesto en tenderle la mano porque sé que ni siquiera hará el gesto de estrechármela. La señora Roset me lanza una mirada de sorpresa porque sabe que es mentira lo que he dicho; llevo dos años trabajando como portero en el Bécquer. Contando la del miércoles pasado, Sandemetrio me ha despedido en media docena de ocasiones, si no recuerdo mal. La primera vez, llamé al administrador y se puso un poco borde conmigo hasta que le envié por correo electrónico la factura de los jardineros: los trillizos Sandemetrio habían disfrutado de una larga tarde entretenida, arrancando una buena porción de los arriates del jardín interior para sembrarlos dentro del ascensor. Su padre había bajado hecho una furia para despedirme por consentir que los niños volviesen a su piso como croquetas rebozadas en tierra.

—Mi esposa ha tenido que sumergirlos en agua caliente durante tres cuartos de hora hasta poder distinguir quién era quién —se quejó furibundo.

El dentista me había despedido cuando le señalé con educación que yo era portero, no domador de fieras. Por suerte me callé que si sus hijos no fuesen la reencarnación en la tierra, con mofletes adorables, de Satán quizás su esposa todavía contaría con la ayuda de alguna niñera para bañarlos. Administración aceptó el despido de Sandemetrio, me exigió que me quedase hasta finales de mes para instruir al nuevo portero en las peculiaridades del Bécquer y envió a cinco sustitutos sucesivamente. El que más duró en su puesto apenas llegó a cumplir la semana y lo logró porque durante ese período de tiempo los trillizos pasaron tres días en cama vencidos por una gripe. Desde entonces, me limito a enviar un correo de aviso cada vez que el dentista me despide, sin esperar respuesta alguna porque nunca la hay.

No resulta tan sencillo gestionar el Bécquer cuando sus dieciséis familias residentes se quedan atrapadas dentro durante buena parte del invierno. Es un edificio bastante nuevo, de principios de este siglo, bien equipado y con una calefacción que tira que da gusto porque se diseñó para un rascacielos y el Bécquer solo tiene ocho pisos sin entresuelo. El Administrador me dijo que a la constructora se le acabó el dinero a mitad de la obra y recortaron en altura, aunque siguieron adelante con el diseño del jardín interior, un oasis de calma y belleza en verano y una pesadilla para los jardineros en invierno. Los trillizos suelen colarse en cuanto me descuido, es su aventura favorita, lo que resulta un problema porque los avellanos, los abetos y los arbustos de rododendro han crecido tanto y los niños son tan bajitos que cuesta localizarlos cuando les da por encarnar a Mowgli. Una vez encontré a uno de ellos —nunca he sabido distinguirlos entre sí, por lo que no me he molestado en aprenderme sus nombres— colgado cabeza abajo de las ramas del castaño, sujeto por los pies con una liana. Se había quedado dormido y tenía la cara tan roja por la sangre acumulada que parecía un pimiento que hubiese crecido en el árbol equivocado. Esa fue la segunda vez que su padre me despidió.

Yo estudié veterinaria así que, pese a mis quejas, me las apaño bastante bien con los trillizos. Cuando cumplí cuarenta y ocho, la clínica donde trabajaba cerró. Encontré la vacante de portero en el Bécquer en una página de empleo y decidí que no estaría mal para salir del paso. Sigo aquí porque el puesto incluye la comida y un apartamento estupendo en la planta baja que me evita los gastos de alquiler y me permite ahorrar casi todo el sueldo. Bueno y porque los trillizos, que son los únicos menores que viven en el edificio, me dan un respiro durante su campamento de verano. Su ausencia equivale a irse a un spa de vacaciones, pero con sueldo.

El resto de vecinos resultan bastante manejables y los dos matrimonios jubilados del quinto son encantadores. El señor Carmelo, además de la biblioteca que nos permite viajar cuando todos los aeropuertos del país permanecen cerrados por el temporal de hielo y nieve, ha construido el armario en donde los inquilinos guardan las botas altas, los esquís y las raquetas de nieve para salir a comprar si no hay más remedio. Su esposa, Sandra, organiza juegos de mesa los viernes por la noche en el vestíbulo, y el resto de vecinos, excepto los Sandemetrio, que por suerte nunca aparecen, bajan con algo de picoteo y termos gigantes llenos de chocolate caliente, té o café. Siempre son los más mayores quienes me ayudan a quitar y a poner los adornos de Halloween, de Pascua y de Navidad. Me gusta escuchar sus conversaciones distendidas y un poco locas mientras enredan arriba y abajo en la portería. Se quejan de las clases de zumba online, de que sus hijos no paran de llamarlos para preguntarles cómo se cocinan las lentejas y de que sus nietos resultan más agradables por videoconferencia que en la vida real. De mayor, quiero ser como ellos.

La excepción es Sandemetrio, que sigue mirándome raro incluso para ser él a las nueve de la mañana. Por el rabillo del ojo veo que Martina Roset también parece un poco inquieta cuando el dentista se nos acerca con el ceño más fruncido que nunca.

—¿No habrán visto esta mañana a la señora Pérez? —pregunta como si tuviese miedo de saber la respuesta.

La señora Pérez es La Diva, su suegra. Nunca resulta agradable encontrársela por las mañanas, ni nunca, así que intento que no se me note el alivio mientras Martina y yo nos apresuramos a negar con la cabeza.

—Yo tampoco encuentro a Calcetines —dice la escritora de novelas de misterio con un hilillo de voz.

—Si está sugiriendo que la señora Pérez tiene algo que ver con la desaparición de su ropa interior...

—Se refiere a su gato —me apresuro a intervenir.

Para nuestra fortuna, el vehículo oruga, público, silencioso y eléctrico, se detiene frente a la puerta de cristal del Bécquer y, Gonzalo, su conductor, nos saluda con alegría. Nos conocemos porque un día le pilló una tormenta de nieve tremenda, lo llamaron para que interrumpiese el servicio justo cuando pasaba por delante del edificio y me pidió refugio, para él y sus tres pasajeros, durante unas horas. El señor Carmelo nos trajo café con leche y bocadillos de jamón para todos y pasamos el rato jugando a las cartas. Sandemetrio, que si se hubiese enterado me habría denunciado a los administradores por acoger a no residentes, se gira para fulminar con sus ojillos el origen de nuestras sonrisas. Sin molestarse en despedirse, se va dejando tras de sí una bocanada de aire gélido que compite con el que entra fugazmente por la puerta cuando la abre para salir.

—Solo es una casualidad que La Diva y Calcetines hayan desaparecido al mismo tiempo —intento consolar a la escritora cuando nos quedamos a solas en el vestíbulo—. Además, me apuesto una magdalena de pepitas de chocolate a que esa mujer ha pasado la noche fuera y no puede volver hasta que los quitanieves limpien la ciudad para los taxis. La única razón por la que su yerno la echa de menos tan temprano es porque no ha dormido en casa.

—A riesgo de cometer una maldad...

—Dese ese gusto, por favor.

—... me cuesta imaginar que nadie quiera pasar la noche con La Diva.

—¡Ja!

De repente me doy cuenta de la suerte que tengo pese al encuentro matutino con Sandemetrio: ningún portero de la ciudad se encuentra ahora mismo en mejor compañía.

—Si se sienta un momento —le digo súbitamente inspirado señalando la mesa ovalada al amparo del ficus benjamina gigante—, la invito a tomar el té y después nos vamos de ronda por el Bécquer en busca de Calcetines.

Ella asiente, se recoloca las gafas y se dirige al rincón más bonito del vestíbulo. Me conmueve que ni siquiera se plantee cambiarse de ropa o ponerse unos zapatos; el Bécquer es su hogar y se siente cómoda conmigo. Me pregunto si le gustaría escribir allí, en la mesa ovalada, pegada a los ventanales con vistas al jardín interior, o si necesita el silencio de su hogar, lejos del ajetreo de mis dominios.

—¿Se acuerda de cuándo los inviernos eran cortos y suaves? —me pregunta cuando vuelvo con la bandeja.

Sirvo el aromático Earl Grey en las dos tazas y corto el bizcocho de limón y lavanda con el que anoche me obsequió la señora Sandra para agradecerme que le subiera un montón de cazuelas pesadas que había pedido por Internet. Martina se ha sentado de cara al jardín interior y la primera luz de esta mañana de invierno se refleja en sus bonitos ojos grises.

—Apenas. A mí me gusta el frío —le respondo.

Confiesa que a ella también. Envuelve con sus manos de escritora la taza caliente y disfruta del aroma del té antes de dar un sorbo. Al otro lado del cristal, los árboles permanecen tranquilos arropados bajo el peso de la nieve nocturna, a la espera de sacudírsela en un bostezo cuando sople el viento del norte.

—Antes, el deporte nacional era el terraceo —dice con media sonrisa— y ahora andamos todos con patines, trineos y raquetas. La gente sigue saliendo en cuanto deja de nevar o arrecia la ventisca. Somos difíciles de contener.

—Genética mediterránea, supongo.

Con la llegada de los nuevos inviernos, muchos bares y cafeterías se han reconvertido en refugios climáticos y en centros de alquiler y enseñanza para conducción de trineos, manejo de esquís, tablas de snowboard y raquetas de nieve. En un primer momento, la gente se espantó y prefirió quedarse en casa tomando bebidas calientes e invirtiendo el dinero en instalar calefacción sostenible y eficiente en sus hogares. Otros negocios se han vuelto estacionales: en otoño e invierno, sirven sopa y vino especiado para llevar o venden termos o ropa de abrigo o crampones y, durante el verano, vuelven a montar sus terrazas de tapeo y cerveza. La ciudad y sus habitantes se han adaptado a una velocidad asombrosa a la nueva climatología.

—No echo de menos los patinetes eléctricos —observa la escritora como si fuese capaz de seguir el hilo de mis pensamientos—. Aunque los adolescentes surfeando en sus tablas de snowboard tienen su peligro cuando vas despistada por la calle.

—¿Por eso sale tan poco? —pregunto tras probar y alabar como se merece el delicioso pastel de la señora Sandra— ¿Por miedo a que la atropellen los adolescentes?

—Son más peligrosos los trillizos Sandemetrio —se ríe ella—, esos pequeños demonios con jerséis mulliditos.

—El señor Carmelo, del quinto segunda, los llama Cancerbero.

—¿Por los jerséis?

—Por las tres cabezas y porque no cuesta nada imaginárselos en la antesala del Infierno.

Asiente convencida y termina de saborear su porción de bizcocho antes de retomar la conversación:

—Salgo poco por mi trabajo y porque me encanta quedarme en casa en esta época del año. Me gusta invernar.

Me sorprende que haya utilizado esa palabra en lugar de «hibernar» y ella me devuelve la mirada encogiéndose de hombros.

—¿Cómo una marmota o un oso? —le pregunto.

—Como una persona que se ha roto y necesita recomponerse —me contesta con suavidad antes de volver a perder la mirada entre la selva en miniatura del otro lado del cristal—. Como cuando nos damos un golpe y nos ponemos hielo para aliviar el dolor. Aceptamos el frío, hallamos consuelo en él. Antes de que llegasen los nuevos inviernos, sufría una ansiedad tan pronunciada que la medicación que me había prescrito mi médico ya apenas me hacía efecto. Trabajaba más de diez horas al día, de lunes a viernes, en una oficina y, cuando llegaba a casa, empezaba mi otra jornada laboral, la de escritora. Comía poco y mal, como si detenerme a cocinar o a disfrutar de un plato caliente fuese una pérdida de tiempo que no podía permitirme. Como si cuidarme fuese algo superfluo. Dejé de charlar con mis amigas, de leer, de pasear, de mirar por la ventana.

Caigo en la cuenta de que el piso de Martina tiene vistas al jardín interior y asiento, apenado. El señor Carmelo me ha explicado que cuando se mudó al Bécquer, a principios de siglo, aquel refugio verde contaba con un pequeño circuito que simulaba un río entre piedras oscuras y altas palmeras. Por las noches se escuchaba el correr del agua y el murmullo de los espigados troncos meciéndose con la brisa cálida de los inviernos suaves. El frío ha cambiado el paisaje, incluso uno tan diminuto como el del jardín interior de este edificio. Las palmeras murieron, el agua se congeló y los administradores dieron orden de sustituirlo todo por arriates de rododendros y coníferas, una vegetación mejor adaptada a nuestra actual realidad.

—Entonces llegaron los nuevos inviernos —le digo— y volvieron las cornejas y los gorriones.

Martina tiene la mirada gris llena de luz mientras continúa el relato de su naufragio:

—Me metí en la cama con la nevada del primer noviembre en el que el clima cambió, en cuando las autoridades iniciaron el protocolo de alerta por frío. Dormí durante tres días y lo primero que hice al despertar fue asomarme a este pequeño oasis de verde y blanco.

—Uno de mis libros favoritos de Bernd Brunner, titulado Cuando los inviernos eran inviernos, sostiene que el invierno parece un período de ausencia, de retiro de la vida. Pero no es cierto; la vida continúa, solo que de otra manera.

Asiente, se termina su té y juguetea con las migas del bizcocho.

—Desde entonces trabajo solo en mis novelas, se acabó el empleo de oficina, nada de dejarme la piel para que otros se hagan ricos sin escrúpulos y sin consecuencias. Salgo a pasear con raquetas de nieve con mis amigas una vez a la semana, me visto con prendas cómodas y calentitas sin importarme la opinión de los demás, cocino y horneo cosas ricas, y leo en el sofá y en la cama, bajo las mantas, con una taza de té al alcance de la mano y Calcetines dormitando sobre mis pies... cuando no ha salido de exploración en busca del origen de las fuentes del Nilo. He aprendido a vivir despacio, de otra forma, llenando las ausencias que ha traído el desplome de los termómetros como una transformación. Un poco como lo que me ha contado sobre el libro de Brunner.

—Hiberna.

—Invernando —asiente con esa sonrisa fabulosa.

—Yo antes era veterinario —me animo a confesar tras unos instantes. Siento que me ha contado algo personal y me veo en la tesitura de corresponder, cada vez más consciente de que uno no se recupera de los estragos de una sonrisa como la suya—. La clínica en la que trabajaba estaba en las afueras y, cuando empezaron los nuevos inviernos y las carreteras cortadas por el hielo y la nieve, los pacientes dejaron de venir.

—¿Cerró? ¿Por qué no se recolocó en la ciudad?

—Porque ya tenía casi cincuenta años y casi nadie contrata a alguien tan mayor.

—Claro, ¿para qué querría ninguna empresa a un trabajador con experiencia? —pregunta con ironía y un deje de tristeza mientras mueve la cabeza con desaprobación.

—Acababa de divorciarme, el banco nos había ejecutado la hipoteca y a la deuda pendiente debía sumar un alquiler prohibitivo. Encontré el anuncio en el que se buscaba portero en el Bécquer y pensé que sería un buen empleo mientras buscaba algo de veterinario. Pero aquí sigo, dos años después. Y, para mi sorpresa, me gusta, me siento cómodo, como si hubiese encontrado un lugar en donde encajo del todo. Además, tengo un montón de tiempo para leer. No quiero estar en ningún otro sitio.

—Es una suerte tenerle aquí. El portero anterior era un desastre con la correspondencia y los paquetes. Confundía mi nombre con el del arquitecto del segundo segunda.

—Martín Roes.

—Y devolvía los envíos de mi editorial porque, en cuanto veía la palabra «libros» en el albarán, se convencía de que solo podían pertenecer la biblioteca de la vuelta de la esquina. Un lugar, dicho sea de paso, que hubiese debido frecuentar en vez de pasarse las horas durmiendo bajo el mostrador de recepción.

—He leído todas sus novelas —le digo muy deprisa y con algo de apuro—. Me gustan mucho. Son ingeniosas y amables. Como usted.

—Usted sí que es amable —sonríe—. Una cualidad en extinción, me temo, que a menudo se confunde con ramplonería.

—Pues muy amablemente —le concedo poniéndome en pie y dedicándole una sutil inclinación de cabeza—, la invito a que me acompañe en mi ronda por el Bécquer.

Decidimos subir por las escaleras y bajar después en el ascensor para hacer caso de los consejos del cardiólogo, primero, y del osteópata, después. Nos detenemos en el rellano de cada piso y observamos el manto blanco que cubre la calle principal a través de la gran ventana central que dota de luz natural los descansillos. El frío ha tocado de belleza el paisaje: la limpieza inmaculada de la nieve, el hielo recubriendo el metal del alumbrado y las alcantarillas, dándoles ese aspecto nuevo, aún por estrenar, los árboles de ramas oscuras en silencio, todavía vivos, sus brotes casi invisibles esperando abril. Al contrario que me sucede en verano, cuando el calor me agobia, me hace sudar y me pone de mal humor, todo se me vuelve paz y terciopelo en los nuevos inviernos. Me consuela haber encontrado a alguien tan afín en Martina, que sube las escaleras a mi lado sumida en sus propios pensamientos.

En la quinta planta, nos encontramos con los dos matrimonios de jubilados haciendo su sesión de yoga matinal frente al radiador.

—Aquí tenemos más espacio para las cuatro colchonetas —se apresura a aclararme la señora Sandra.

—Pero si es molestia... —se inquieta su marido, el señor Carmelo.

Les aseguro que no lo es, en absoluto, y Martina les pregunta si han visto pasar a Calcetines, a lo que todos contestan apenados que no. Carmelo me ha contado que están pensando en adoptar un perro entre ellos cuatro, pero que les echa para atrás la obligación de sacarlo a pasear cada día con la que está cayendo. Medio en broma le he aconsejado que le dé una oportunidad a un perro acostumbrado al frío, como un husky o un samoyedo, y que lo entrenen para que se pasee a sí mismo en invierno. Me miró con tanta pena cuando le solté tremenda estupidez, que no me quedó otra que asegurarle que me encantaría salir con el animal los días en los que ninguno de los cuatro ancianos se viese con ánimo de hacerlo. Para mi sorpresa, me he dado cuenta de la sinceridad de mi ofrecimiento: echo de menos la interacción con los animales más allá de dar de comer el pan duro a los cuervos y gorriones del jardín interior. Un perro en el Bécquer sería estupendo, aunque no sé si Calcetines pensará lo mismo.

—Mauro —llama mi atención Carmelo mientras nos estamos despidiendo del grupo para seguir con la ronda—, ayer, cuando ya había anochecido, me pareció ver movimiento en el jardín. Seguramente no sea nada, pero...

—Pero los trillizos —termino la frase por él.

Llegamos a la última planta del edificio sin encontrar ni más leve rastro de Calcetines. Martina parece preocupada, dice que nunca ha pasado tanto tiempo sin su gato. En la proximidad del ascensor noto su olor a algodón limpio y cuando rozo su mano intento convencerme de que ha sido por accidente. Le propongo que pase un momento por su piso para abrigarse y que me acompañe luego a echar una ojeada por el jardín. Después de la advertencia del señor Carmelo, necesito comprobar que todo siga en orden por allí.

—Paso a recogerle en recepción en cinco minutos —me asegura en cuanto el ascensor se detiene en su planta y las puertas se abren.

Fiel a sus palabras, Martina vuelve a recepción al poco rato. Lleva un gorro rojo de lana con borla, una bufanda del mismo color sobre un abrigo verde musgo que le llega hasta los tobillos y ha enfundado los pies en unas botas de borreguito vuelto. Ahora, además de guapa, me parece adorable.

Siento una punzada de inquietud cuando salimos al jardín y veo tres palas de diferentes tamaños, mal escondidas entre los arbustos, al pie del castaño, muy cerca de un montículo de nieve anormalmente gigante.

—Si esto fuera una de mis novelas —murmura Martina—, nunca escondería ahí un cadáver. Resulta demasiado obvio.

—Ya, pero no estoy del todo seguro de que los trillizos Sandemetrio sepan leer.

—Es demasiado grande para un gato —carraspea.

Intento no mirarla porque noto su miedo creciente por Calcetines y no estoy del todo seguro de contenerme para no abrazarla. Recojo las palas y miro en derredor en busca de alguna pista adicional, como pisadas o marcas de arrastre, pero la nevada de anoche ha borrado cualquier indicio.

—¿Cree que deberíamos excavar un poco este montículo nada sospechoso? —me pregunta, temerosa.

—Tiene pinta de ser obra de esos tres demonios bajitos, no espere encontrar ningún tesoro. Si me hace el favor de llevar estas dos palas al armario de los jardineros y ver que el resto de herramientas sigan en su sitio...

Me quedo con la tercera pala y espero a que me dé la espalda y eche a andar hacia la caseta que hay al otro lado del jardín para clavarla en un extremo del enorme montículo y empezar a retirar la nieve. La primera capa parece suelta y resulta sencillo removerla porque ha caído durante esta noche, pero enseguida llego a la parte compacta. Me queda poco para rebajar del todo esa parte del artificioso montón, cuando la pala se me atasca en algo duro, tal vez una piedra. Me arrodillo y aparto el resto de la nieve con las manos enguantadas. Hay algo. Dos cosas. Parecen peludas. De color carmín. Se me hiela la sangre en cuanto comprendo qué estoy mirando. Desde la caseta escucho la voz alegre de Martina.

—¡Mauro! ¡He encontrado a Calcetines! Parece que se ha quedado dormido entre los sacos de arpillera, dentro del armario. Tiene las orejitas un poco frías, pero está bien.

Me levanto de un salto y me interpongo entre la escritora y mi espantoso descubrimiento. Se acerca con el enorme minino naranja entre sus brazos, aunque el rictus de felicidad se le congela en la cara cuando ve mi cara de susto.

—¿Qué...?

—¿Recuerda esas espantosas zapatillas peludas de color carmín que suele llevar La Diva?

—Cómo olvidarlas.

—Pues están ahí enterradas.

—¿Un montículo tan grande para unas zapatillas tan pequeñas?

—Es que todavía llevan puestas a La Diva.

Supongo que cuando descubres un cadáver resulta bastante práctico hacerlo en compañía de una escritora de novelas de misterio. Martina respira hondo y empalidece un poco, pero enseguida se recompone y, reacomodando a Calcetines en un solo brazo, utiliza el otro para cogerse del mío.

—Vamos dentro —me dice con voz firme mientras tira de mí—. Llamaremos a emergencias y luego prepararemos otra taza de té.

—Pero...

—No es asunto nuestro cómo ha llegado hasta aquí La Diva.

—Está claro que en zapatillas —murmuro haciendo un esfuerzo por no ceder a la risa nerviosa que me ronda por la tripa.

—Además de amable, sentido del humor.

—Debería pedirme en matrimonio.

—Después del té, si se porta bien.

—¿Cree que los trillizos tienen algo que ver con esto? —pregunto cuando entramos en la calidez del vestíbulo—. Me refiero a que los veo capaces de enterrar a su abuela y luego, fascinados por una nueva aventura, olvidarse por completo del asunto. Pero de ahí a causarle algún daño... Se la deben haber encontrado muerta.

—Si yo hubiese escrito esta historia —me contesta sin abandonar su tono amable y tranquilizador—, el mayordomo habría asesinado a La Diva bajo el castaño en un arrebato de celos.

La miro con extrañeza. Calcetines da un elegante salto para bajar al suelo, aunque se queda pegado a los bajos del abrigo de su humana, poco dispuesto a separarse de ella desde que ha escuchado las palabras taza de té.

—Ajá —asiente la escritora—. Hacía tiempo que mantenían un apasionado romance —me aclara—, pero La Diva se había cansado y estaba a punto de dejarlo por un viejo amor: un admirador de sus tiempos entre bambalinas. Sus nietos encontraron el cuerpo y decidieron darle un sepelio vikingo, como el que se merece tremenda heroína wagneriana. El problema es que sus padres no les dejan jugar con cerillas desde que prendieron fuego a las cortinas, así que fuerzan el candado del armario de las herramientas, roban tres palas y entierran a La Diva bajo la nieve, con pantuflas carmesí incluidas. No es tan chulo como prenderle fuego mientras navega camino de Valhalla, allende los mares, pero es lo que tienen más a mano.

—Es un trabajo arduo para unos mocosos que apenas levantan cinco palmos del suelo.

—Por eso, al terminar, se sienten tan cansados que se van a casa a merendar. Y se olvidan del asunto. Día nuevo, nueva aventura.

—Ojalá esta fuese una de sus novelas.

—Pero es mucho mejor —me riñe moviendo su adorable cabeza tocada por el gorro rojo con borla—: un invierno real y estamos vivos. Todavía nos quedan muchas historias que contarnos el uno al otro.

Todo lo que queda

POR ISOLDA PATRÓN-COSTAS

Cuando Lucas abrió los ojos, apenas pudo reconocer dónde estaba. Tenía los músculos entumecidos por el frío y no lograba reaccionar. Su cuerpo se movía con lentitud y no recordaba cuánto tiempo llevaba ahí. Todo a su alrededor estaba a oscuras y en silencio.

Llevaba días nevando y las carreteras estaban cortadas. Las noticias habían anunciado la movilización del Ejército y un despliegue sin precedentes, pero nada de eso había llegado a tiempo.

Poco a poco, empezó a mover sus extremidades y a adaptar la vista a la penumbra donde había despertado. Una leve capa de escarcha cubría la manta que le protegía del frío y, cuando la agitó para deshacerse del hielo, sintió una rigidez de espalda que le paralizó. Había pasado la noche pegado a la roca de la cueva donde se refugiaba, sin más colchón que el pequeño aislante que había improvisado con una esterilla de yoga. La gran tormenta había arrasado con todo y la nieve tenía a poblaciones enteras aisladas, sin electricidad, sin calefacción. La gente se había atrincherado en sus casas y esperaba. Él, sin embargo, había huido al bosque. La tarde anterior, cuando la nieve cubría casi por completo las ventanas de su casa y, para evitar quedarse atrapado, se había organizado un pequeño kit de supervivencia y había salido a las calles en busca de otros vecinos o de un sitio seguro donde pasar la noche. El teléfono hacía horas que se había quedado sin batería y, de todos modos, llevaba más de dos días sin poder comunicarse con nadie, porque todos los repetidores habían sido arrasados por el temporal. Nada más abrir la puerta de su casa, una gran cantidad de nieve se le había echado encima. Ahora, desde la seguridad de su cueva, recordaba ese peso en el cuerpo y la sensación de angustia, después, al abrirse paso para liberarse de la trampa blanca que parecía engullirle y que había transformado todo el paisaje en el exterior. Avanzaba con dificultad; el viento era el único sonido que se oía y a duras penas lograba ver más allá de dos metros. Había deambulado por el vecindario sin lograr cruzarse con nadie o ver señales de vida en ninguna de las casas que pasaba. Llamaba a puertas, lanzaba gritos desesperados y la ventisca se los devolvía magnificando su sensación de vacío y soledad. Ni un alma con la que trazar un plan o alguien en quien apoyarse.

Sin posibilidad de parar a causa del frío, había seguido andando y buscando, hasta alejarse del pueblo. La nieve caía y hacía todo borroso a su alrededor, y Lucas había empezado a perder la noción del tiempo o del espacio. Era como si el aire que soplaba lo llevase en volandas, lo envolviese en un laberinto del que no podía escapar y él simplemente seguía caminando para no perder el calor corporal. Al final de la tarde, cuando sus fuerzas daban muestras de flaqueza, un agujero negro, al final del camino, había llamado su atención. Era la cueva donde ahora estaba. Todavía tumbado, le costaba concentrarse y pensar con claridad, pero por fin lograba recomponer su llegada hasta allí. Nada más traspasar la entrada, había sentido que en ese espacio estaría a salvo y enseguida había organizado un fuego con las ramas secas y los troncos que alguien había dejado. Sin duda, ese lugar era el cobijo de otra persona. Ahora, sin embargo, sus huesos estaban lejos de sentir ese bienestar de la noche anterior junto a la lumbre y comprendió que tenía que generar movimiento en su sangre si no quería verse vencido por el frío. Un sonido extraño le puso en alerta. Era como un pequeño lamento. Aunque sus ojos se habían acomodado a la falta de luz, no lograba distinguir ninguna forma cercana a él. Un segundo sonido se escuchó mucho más próximo. Parecía un aullido seguido de unos arañazos. Se incorporó y buscó un palo o algo con lo que defenderse. Antes de que pudiera darse cuenta, los destellos del día empezaron a colarse por la entrada de la cueva y un perro pastor asomó por la rendija que había abierto.

—¿De dónde sales? ¿Y cómo te llamas? —le dijo mientras se acercaba a gatas a acariciarle la cabeza y apartaba la nieve y las ramas que cubrían la entrada.

Echó un breve vistazo afuera y vio que había dejado de nevar. Era una oportunidad para salir a explorar la zona en busca de ayuda. El dueño del perro debía de andar cerca. Se apresuró a encender un fuego con la poca leña que todavía quedaba y derritió algo de nieve en un cazo para hacerse un té. El perro lo seguía. Sacó unas galletas de entre sus provisiones y un pedazo de pan para el animal, y se sentó a desayunar. Permanecieron un rato el uno frente al otro, explorándose con la mirada, como si quisieran con ello acariciar una cierta sensación de familiaridad.

Para cuando salieron, la esfera amarillenta del sol, todavía no muy alto, asomaba tras la neblina. Los árboles formaban curiosas formas geométricas con sus ramas petrificadas por el hielo y el silencio era más profundo después de cada pisada, de cada exhalación que soltaba la nieve virgen cuando se apelmazaba bajo las botas de Lucas. Era imposible reconocer ningún camino en ese paisaje helado y desconocido, así que se dejó guiar por el perro, que parecía tener claro a dónde iba. La quietud del entorno era aterradora y, por momentos, el mero sonido de su respiración o el jadeo del animal al abrirse paso entre la nieve le producían escalofríos.

—¿A dónde vais? No queda nadie en el pueblo.

Lucas se detuvo y miró a su alrededor para ver de dónde provenía esa voz. El perro, que lideraba la marcha, se volvió hacia él y empezó a gemir. «Shhhh», le hizo Lucas para que se tranquilizara y el chucho se sentó, aun con cierta actitud de alarma mientras observaba, expectante, a su nuevo amo.

—¿Quién anda ahí? —gritó en la dirección de donde creía que le hablaban.

Un crujir de nieve aplastada condujo su mirada a pocos metros de allá.

De entre los árboles, apareció un niño que caminaba hacia él. Tenía aspecto frágil y se movía despacio, como si tuviera miedo. Su piel era exageradamente blanca y le asomaban unos mechones oscuros por debajo del gorro de lana que le cubría la cabeza. Se paró a una prudente distancia.

—Ven, no voy a hacerte daño —le dijo Lucas y le ofreció su mano.

El niño se aproximó de forma tímida hasta él. No debía de tener más de seis años.

—Están todos bajo la nieve —dijo mientras señalaba el espacio abierto que tenían frente a ellos.

—¿Quiénes? No entiendo... —balbuceó Lucas.

—El pueblo está ahí abajo —respondió el niño.

Su dedo seguía apuntando en la misma dirección.

Lucas tardó unos segundos en darse cuenta de que lo que estaba totalmente cubierto por la gran nevada, a lo lejos, era el valle donde se encontraba su casa y la de todos sus vecinos. Se quedó rígido mirando hacia allá, como si quisiera adivinar las calles, las plazas o cualquier marca que le confirmara que bajo esa gran nada blanca estaba su pueblo. Un sudor frío le bajó por la espalda. El perro se había acercado a ellos y se mostraba ansioso. Gemía y daba vueltas a su alrededor.

—Señor... —dijo el niño al tiempo que le tiraba de la manga.

—Tenemos que llegar hasta allí y ver qué encontramos —reaccionó Lucas.

Miró al niño a los ojos.

—¿Cómo has llegado tú hasta aquí? ¿De dónde vienes? —le preguntó.

El niño se encogió de hombros.

—Del pueblo no eres... ¿Dónde están tus padres? —continuó.

—No recuerdo nada —dijo el chico mientras bajaba la cabeza y escondía la mirada.

Lucas se agachó hasta él y le agarró de la mano con suavidad.

—Vamos, no pasa nada—le animó—, seguro que los encontramos.

El niño esbozó media sonrisa y miró al perro, que se movía impaciente junto a ellos dos y ladraba para incitarlos a partir.

—¿Cómo se llama? —preguntó.

—No lo sé. Podemos llamarlo como quieras... —contestó Lucas.

—Peludo —dijo el chico.

Lucas asintió en señal de aprobación.

—¿Y tú? ¿Cómo te llamas? —dijo entonces.

El niño se encogió de hombros una vez más.

—Bueno —se apresuró en restarle importancia —, te llamaré Chico, de momento. Yo soy Lucas.

Y así, emprendieron la marcha hacia el valle sin mediar más palabra, como si la urgencia de llegar y encontrar a alguien con vida les impidiera hacer otra cosa que caminar. Estuvieron largo rato con la vista puesta al frente en busca de señales, de algo que se moviese y les diera alguna esperanza. Su andar se fue haciendo lento y pesado, como si el tiempo se disolviese en el gran vacío que les rodeaba. De pronto, Chico se paró.

—¿Oyes los silbidos?

Lucas se giró y miró al niño con extrañeza.

—No se oye nada... ni siquiera el viento —contestó.

—Llevo un rato escuchándolos...

Chico señaló hacia un lado del camino y se dirigió hacia allí.

—Cada vez son más fuertes —continuó mientras aceleraba el paso.

—Chico, vuelve... ¿adónde vas? —le gritó.

El niño se alejaba sin hacer caso y el perro le seguía. Lucas esperó a que volvieran, pero pasados unos minutos, decidió ir hacia la arboleda por la que habían desaparecido los dos. Estuvo caminando a ciegas sin saber dónde encontrarlos, hasta que por fin escuchó los ladridos de Peludo. Un espectacular claro se abría entre los árboles y descubría una enorme superficie helada. Chico parecía hipnotizado y miraba a través del témpano, como si buscara algo en el fondo del lago, mientras el perro se movía inquieto de un sitio a otro. Cuando Lucas llegó junto a ellos y se inclinó para ver qué llamaba la atención del niño, descubrió a un hombre y una mujer abrazados bajo el hielo, sus manos y rostros pegados a la placa, sus figuras congeladas, una escultura perfecta de la muerte.

—Estos eran los silbidos... —dijo de pronto el niño—. El lago está lleno de ellos.

Lucas se incorporó horrorizado y miró a Chico.

—Vámonos, no podemos hacer nada por ellos...

El niño echó a correr lago adentro y empezó a resbalar por la capa helada mientras se tapaba los oídos.

—Son muchos, están todos aquí...

Lucas salió detrás del niño hasta alcanzarlo y cogerlo por los hombros.

—Tenemos que irnos de aquí... es peligroso.

Chico seguía tapándose los oídos al tiempo que sollozaba.

—¿No los oyes?

—No hay nada —le interrumpió Lucas —, estás cansado y tienes miedo, pero te prometo que aquí no hay nada.

En la orilla, Peludo aullaba y ladraba para que volvieran.

Lucas cogió al niño de la mano y tiró de él para conducirlo fuera del lago. A medida que avanzaba con cuidado de no romper la capa de hielo vio, bajo sus pisadas, las caras inmóviles de otros cadáveres bajo el agua. Tapó los ojos de Chico y aceleró el paso para salir de ahí lo antes posible.

—Cuenta hasta veinte conmigo: uno, dos... —le dijo para distraerlo.

El niño le sujetó a Lucas las manos con las que este le cubría el rostro y empezó a contar mientras avanzaba a tientas. Los cuerpos inertes se sucedían bajo el agua como una mueca siniestra que marcaba el final de la vida, el tiempo detenido en un último gesto.

Cuando llegaron junto al perro, Chico se abalanzó sobre él y lo abrazó. Lucas miró al cielo. El sol lucía bien alto tras las espesas nubes gris plata.

—Vamos, tenemos que llegar al pueblo y se nos echa el tiempo encima.

Sacó un trozo de queso y algo de pan de su mochila y lo repartió con el niño y el perro, antes de reemprender el camino.

La nieve seguía haciendo difícil la travesía y el desnivel era cada vez mayor, por lo que Lucas se ayudaba de un palo a modo de bastón para transitar por la ladera. El frío compactaba la nieve y la volvía una capa sólida y resbaladiza. En un momento dado, Chico dio un traspiés y, cuando Lucas intentó sujetarlo, perdió el equilibrio y salió rodando cuesta abajo. En pocos segundos alcanzó una velocidad vertiginosa y no parecía que nada fuera a pararlo. Al final de la pendiente, un tronco caído lo frenó en seco. Cuando Chico y Peludo llegaron junto a él, Lucas seguía aturdido en el suelo. El niño se apresuró en cogerle la mano y moverlo para que reaccionara, pero su cuerpo permanecía rígido y sus ojos, abiertos de par en par, mostraban su estado de desconcierto.

—Os estaba esperando... cuando os he visto, no sabía quién de los dos llegaría antes hasta mí —sonó una voz detrás de ellos con tono irónico.

Chico se giró y vio una anciana de cabellos largos y plateados, vestida totalmente de negro y con gesto adusto.

—Ayúdenos... —le suplicó Chico mientras sujetaba todavía la mano de Lucas.

—Poco puedo yo hacer... —contestó la mujer.

En ese momento, Lucas empezó a moverse lentamente, todavía postrado y con la figura traspuesta.

—¿Qué ha pasado? —preguntó con la mirada totalmente perdida.

Chico se inclinó sobre él y lo abrazó con alegría.

—¡Por fin hablas! —exclamó todavía conmocionado.

Lucas se tocó la cabeza sin decir nada. La anciana le sonrió y le sostuvo la mirada.

—¿Quién eres? ¿Dónde estamos? —preguntó él al cabo de unos segundos.

—Eso no tiene importancia —respondió la mujer mientras se aproximaba.

Tenía un andar muy pausado, como si midiera cada ademán. A medida que se acercaba, un abrumador silencio lo envolvía todo. Su aspecto era descuidado y Lucas pensó que sería una mendiga. La observó mover sus labios y se esforzó por escuchar algo, pero todo el entorno se había vuelto mudo para él. La vieja le hablaba sin que él percibiera sonido alguno y parecía flotar en el aire bajo el manto oscuro que la cubría. Sumido en una especie de trance, un leve pitido en los oídos le devolvió la sensación de realidad. Después, poco a poco, se fueron incorporando otros ruidos, hasta que por fin oyó el resuello de Peludo, pegado a él, y la ventisca que arreciaba con fuerza.

—Levanta —le dijo la anciana al tiempo que le ofrecía su mano—. Puedo guiarte, si quieres.

Lucas la miró desconfiado y se incorporó para apartarse de ella. Una cicatriz cortaba la cara de la mujer en diagonal y la atravesaba desde uno de los ojos hasta la comisura de la boca en el extremo opuesto. Todavía sentado sobre la nieve, retrocedió algo más para alejarse de la vieja. Luego, avergonzado, cambió su actitud.

—Si quiere, puedo darle algo de pan —le dijo mientras rebuscaba en su petate.

—Veo que no quieres mi ayuda — contestó ella sin coger la comida que él le ofrecía —Y no temas, no voy a quitarte nada que no hayas perdido ya.

Lucas se agarró instintivamente a su mochila mientras esperaba a que dijera algo más. La mujer, sin embargo, se dio media vuelta y se marchó.

El hombre, entonces, se puso en pie y se dirigió hacia Chico.

—Marchémonos de aquí.

Se sacudió la nieve y le lanzó el pan a Peludo, que lo cogió al vuelo.

Cuando llegaron al pueblo, era ya bien entrada la tarde. Prácticamente todas las casas estaban sepultadas por la nevada y apenas sobresalían los tejados. Lucas intentó esconder su desesperanza.

—Estoy seguro de que encontraremos a alguien...

Chico le miraba desconcertado.

—Tenemos que buscar un lugar que nos sirva de refugio antes de que caiga la noche. Nos adentraremos en el pueblo mañana a primera hora... —comentó el hombre.

Estuvieron un rato andando por los alrededores, sin llegar a introducirse en el embudo de nieve que cubría casas y calles.

—¿Estamos solos? —le preguntó el niño.

Lucas se estremeció.

—No... —dijo sin mucha convicción—. O eso espero —añadió al instante y le cogió la mano.

La luz del día empezaba a atenuarse y todo se volvía opaco, mientras Lucas y el niño no dejaban de caminar para no ceder al frío. A lo lejos, un resplandor captó la atención de Peludo, que enseguida se echó a correr como si hubiera encontrado algo. Enfilaron los dos tras el perro y llegaron a una explanada. Al final de esta, entre dos rocas gigantes, vieron una cabaña y, junto a ella, un fuego que ardía como si alguien lo acabara de encender.

—¿Hola? ¿Hay alguien ahí? —gritó Lucas antes de acercarse demasiado.

Un hombre y una mujer de unos treinta años salieron de la choza y se acercaron a la hoguera. El reflejo cobrizo de la llama bailaba sobre sus rostros y hacía que sus gestos temblaran con el crepitar del fuego.

—¿Lucas? —dijo el hombre.

—¿Quiénes sois? —contestó al tiempo que achicaba los ojos en un intento de distinguir con quién hablaba.

Chico y Peludo se habían acercado al calor de la fogata mientras Lucas todavía dudaba qué hacer. Por algún motivo, la familiaridad en sus voces le producía temor, como si en ello fuera implícito algún peligro.

—No pudimos salvar a nuestra hija —intervino la mujer con voz rota.

Y fue esa desnudez, ese dolor expuesto con franqueza, lo que apartó el recelo en Lucas. Ya junto a ellos, reconoció al panadero y su esposa con el semblante transfigurado. Un silencio profundo se había instalado entre ellos. Lucas miró al cielo. La luna menguante mostraba su filo blanquecino en el gris turbio del crepúsculo.

—Necesitamos pasar la noche en un lugar seguro —dijo mientras cogía a Chico por los hombros con gesto protector.

—Podéis quedaros con nosotros —le respondió enseguida el hombre.

La mujer miró a Chico y dejó escapar un lamento sordo al tiempo que se cubría la cara.

—Estamos atrapados aquí. Todos los demás se han marchado —dijo el panadero.

—Yo escapé a tiempo y me refugié en una cueva —comentó Lucas —, pero necesitaré provisiones. No sé lo que va a durar esto... tengo que... bueno, tenemos que hacernos con todo lo que podamos.

—Ya no estamos «aquí» —interrumpió la mujer.

Lucas la miró extrañado.

—Se refiere a que de nada nos sirven las provisiones —aclaró el hombre—. Nadie sobrevivió a la nevada. Quedamos todos enterrados.

—¡Eso no es cierto! Yo mismo me salvé... y tiene que haber más gente, como vosotros, como yo...

—Nosotros no estamos «aquí» —repitió la mujer — Estamos muertos.

Lucas calló un instante y observó a la pareja con suspicacia.

—Eso es imposible.

—No ha quedado nada, Lucas. Lo único que nos retiene aquí es la culpa...

—¿Culpa de qué? —sollozó él abatido—. ¿Estoy solo entonces?

A su alrededor, un cielo sin estrellas prolongaba la oscuridad allá donde miraba y una sensación de pérdida se apoderó de él. Observó, después, el fuego que parecía más vivo que nunca, el panadero y su esposa, invariables... De pronto, reparó en Peludo, que jadeaba y soltaba un ligero vaho por el hocico. El frío condensaba su aliento... Se acercó la mano a la boca como si quisiera con ello atrapar el humo de su respiración. No había nada. Cuando posó la palma sobre sus facciones, le sorprendió la inesperada frialdad de su piel.

—¿Yo también estoy muerto? —preguntó.

—Nosotros estamos aquí varados por la culpa —dijo el hombre.

Fue lo único que ofreció como respuesta. Lucas volvió la vista a Chico, que se entretenía en jugar con Peludo cerca de la hoguera, ajeno a toda conversación.

—Mañana iremos al pueblo... Tengo que encontrar a alguien para él —dijo casi de forma imperceptible—. Ha perdido a sus padres.

Amanecieron en la cabaña, el perro, el niño y Lucas arropados bajo varias mantas, unidos en un mismo bulto.

—Se han ido —dijo Chico al abrir los ojos.

Lucas echó un vistazo en torno a ellos y al comprobar que no había nadie, salió a buscar al panadero y su mujer. Fuera solo encontró los rescoldos de la noche anterior. Ni rastro de la pareja. Dio de desayunar al niño y al perro con lo poco que le quedaba en el morral y emprendieron la ruta.

El día había despertado más claro de lo que esperaban y se intuía un cielo azul tras las nubes. Las ramas se deshacían del hielo que caía de forma constante y rítmica.

—¿Escuchas los árboles? —dijo el niño.

—¿Te refieres al agua que cae? —le contestó Lucas.

Chico se paró junto a un castaño de gran porte.

—Hablan entre ellos, se cuentan lo que pasa —repuso.

En ese instante se abrazó al árbol y apoyó su oreja en el fuste.

Lucas sonrió incrédulo.

—Muchos de ellos sabían que vendría este temporal... —dijo el niño mientras cerraba los ojos para concentrarse.

—Te lo estás inventando —le cortó Lucas.

Chico hizo caso omiso y siguió hablando.

—Todavía quedan unos días duros, pero en el pueblo encontraremos comida. Casi todos han muerto... la gente, los animales... —siguió el niño en tono serio—. Los árboles resisten.

Lucas entonces se fue hasta otro árbol que había junto a ellos y se apoyó sobre él para imitar a Chico.

—Este se ha quedado mudo... no oigo nada.

—Si no los oyes es porque ya casi no estás aquí —dijo el niño como si estuviera transmitiendo un mensaje—. Tengo que ayudarte a que encuentres tu camino.

—¿Qué significa eso? —le respondió Lucas contrariado.

—No lo sé... —hizo una breve pausa—. Encontraremos otros árboles, otras pistas.

Lucas se despegó de su árbol resignado y se dispuso a reanudar la expedición que debía de llevarlos a encontrar algo: alimento, un alma amiga, un techo protector...

Antes de irse, el niño se inclinó hacia su castaño en una improvisada reverencia.

—¿Quién te ha enseñado eso? —inquirió Lucas.

Chico se encogió de hombros y caminó hacia Peludo, que los esperaba.

Cuando llegaron al pueblo, la nieve había retrocedido varios centímetros y las casas se distinguían algo mejor. Aun así, no había forma de acceder al interior de ellas. Las calles seguían imperceptibles y solo se intuían las hileras de viviendas alineadas unas junto a otras, con sus tejados que despuntaban como icebergs en mitad de un océano blanco. Estuvieron avanzando como pudieron hasta llegar a un punto desde donde vislumbraron un edificio en alto: era la iglesia, que sobresalía por encima de todo. Lucas y Chico se miraron y enseguida pusieron rumbo hacia allá. A pesar de que la puerta no era siquiera visible, lograron entrar por la torre del campanario. Peludo, sin embargo, se quedó fuera aullando.

—Están otra vez aquí —dijo el niño al tiempo que se tapaba los oídos.

Lucas iba por delante y había empezado a descender las escaleras de caracol que conducían a la nave central. Al escuchar los sollozos de Chico, se detuvo y se volvió hacia él.

—¿Qué ocurre?

—Los silbidos…

El niño cerraba los ojos con fuerza y arrugaba la cara de angustia.

Lucas subió un par de peldaños hasta él y lo abrazó.

—Vamos, Chico, no tengas miedo… serán los aullidos de Peludo.

—Están todos aquí. No pueden salir.

—Vayamos hasta abajo a ver qué encontramos… luego nos marcharemos —le dijo él para aliviar su malestar.

Una vez en la planta, se dirigieron al altar. Lucas guiaba al niño hacia el ábside, cuando vislumbró unas sombras más allá de las columnas. Frenó un instante y reparó en un grupo de vecinos del pueblo que se arremolinaban en torno al confesionario, en el lateral de la nave.

—Espera aquí un momento —le pidió al niño, y le instó a que se sentara en uno de los bancos.

Se acercó hasta el corro y reconoció enseguida a la dependienta del supermercado en el que compraba habitualmente, así como a otras personas que le resultaban familiares. Todos tenían una expresión suplicante y las cuencas de los ojos vacías, de un negro estremecedor.

—¿Qué hacéis aquí? —dijo Lucas alzando la voz.

Un murmullo uniforme reverberó por toda la iglesia.

—Buscamos el acceso al umbral —contestaron al unísono, como un fantasmagórico coro de la muerte.

—¿Qué es lo que os retiene? —respondió él.

—El miedo —dijo uno de ellos.

—La culpa —añadió una voz femenina.

—El resentimiento, la ira… —sonaron otros de forma acompasada.

—Únete a nosotros y cuéntanos tu historia —sugirió entonces una mujer del grupo.

Lucas la miró en un intento de reconocerla.

—No sé quién eres… —balbuceó a la defensiva.

—Solamente con la memoria lograremos vencer la muerte —prosiguió ella y dio un paso hacia él.

—Tengo que volver… tengo que encontrar a alguien…

Un nuevo murmullo se apoderó del espacio, como si las almas ahí condensadas se hablaran todas al mismo tiempo.

Lucas se apresuró en llegar hasta Chico, que le esperaba en el banco y escondía su cabeza entre las piernas ajeno a todo. Le dio una palmadita en la espalda y este se alzó. Sin intercambiar una palabra, ambos se encaminaron hacia la torre por donde habían llegado. Cuando salieron, Peludo dio un brinco hacia ellos y corrió en dirección a la salida del pueblo. Chico y Lucas le siguieron.

—Pronto empezará a nevar otra vez —dijo el niño cuando se aproximaban a una arboleda.

—¿Cómo lo sabes?

Chico se acercó a un gran árbol. En el tronco, se abría un profundo hueco y se adentró en él.

—Vente… aquí estaremos a salvo. Oigo el vaivén de las ramas. Me dicen que no tenga miedo, que no tengas miedo.

Lucas se introdujo en el agujero por el que había desaparecido Chico. Peludo, mientras, se quedó fuera haciendo guardia.

El viento resoplaba y avivaba las voces de los espíritus, mientras el bosque se llenaba de sombras en un ambiente inquietante. Dentro, todo estaba en penumbra.

—No tienes que seguir buscando —sonó una voz fuerte y gruesa.

Lucas se estremeció y tanteó con las manos para tocar algo a su alrededor. El niño, en cuclillas, le sujetó con dulzura.

—Chico eres tú —prosiguió la voz—. Él te ha acompañado hasta ahora para hacer la transición.

Lucas permaneció inmóvil sin entender y se aferró a las manos del niño.

—Ahora puedes marcharte en paz —concluyó.

Un fulgor atravesó en ese instante el cielo e iluminó por un segundo la oquedad del árbol. Lucas sintió que una cálida ráfaga le acariciaba el rostro y le provocaba una leve sonrisa. El niño le pasó entonces la mano por la mejilla y él se quedó con el gesto congelado, mientras su cuerpo iba perdiendo vida, sus manos todavía sujetas a Chico. Su entorno se volvía cada vez más borroso y un suave murmullo lo arrullaba. Vio al niño alzarse y dirigirse hacia la luz. Los árboles hablaban y acompañaban la marcha de Chico, mientras empezaban a caer los primeros copos de nieve.

—Vamos, Peludo. Dice el bosque que en la infancia está la humanidad —Fue lo último que Lucas oyó a lo lejos.

19 de diciembre de 2024

Gastos fijos

POR DANIEL GASCÓN

Siguió yendo al mismo gimnasio después de separarse. No fue una decisión consciente: fue pura inercia. Ahora caía en la cuenta de que quizá tendría que dejarlo. Un amigo siempre le repetía el consejo que su padre le había dado de joven: "Cuidado con los gastos fijos".

El gimnasio estaba cerca de la casa que había compartido con Raquel. Era barato, estaba abierto 24 horas, le resultaba cómodo. Pero sí, convendría buscar otra cosa.

Quizá tendría que cambiar de deporte. Lo más barato era salir a correr. Era curioso porque había leído que estaba de moda entre gente rica. Ejecutivos, empresarios, gente así: se levantaban a las cinco de la mañana, hacían unos cuantos kilómetros, luego empezaban la jornada laboral. De vez en cuando hacían maratones, medios maratones, ultramaratones.

Seguro que esa gente se gastaba dinero en equipamiento. Zapatillas especiales, camisetas térmicas, calcetines antiampollas, todo eso. Le parecían tonterías.

Por otra parte, es verdad que era un ejercicio violento. Violento igual era una palabra excesiva. Pero ahora a todo lo llamaban violencia, incluso a cosas mucho más leves. El caso es que te castigabas las rodillas y las caderas. Había que tener cuidado. A lo mejor por ahorrarte veinte euros en unas zapatillas acababas cojo un par de meses.

Había gente que decía: "correr es malísimo", de forma un poco exagerada, igual que un amigo de su padre que le alertó de que no comiera wasabi en un restaurante japonés, como si fuera veneno y como si él no supiera lo que es el wasabi.

Ni que fuera criptonita, le había dicho él.

De todos modos, le daba pereza el frío.

Lo había leído en el metro. En la pared junto a la ventana. Parecía una premisa de algo:

Es el invierno más crudo de las últimas décadas. La temperatura no sube desde hace días y una gran nevada deja la ciudad aislada. No se sabe si es una situación indefinida o temporal.

Parecía el comienzo de un cuento o de una novela. Probablemente, algo de un programa de animación a la lectura. Seguro que habría un QR o alguna mierda que te llevaba a la historia. Igual era un anuncio.

Con este frío tampoco apetecía nadar. Era un ejercicio más suave. Se lo había recomendado una fisioterapeuta que también atendía a su hermana. Le dijo: Qué curioso, tienes la espalda igual que tu hermana. Enhorabuena, le dijo su hermana, tienes la espalda igual que una embarazada de siete meses.

La abogada del divorcio también se lo había dicho: No andes tan encogido.

La fisioterapeuta dijo que debería hacer pilates, yoga o natación. Era como si le dijera: para solucionar tus problemas de espalda, tienes que convertirte en otra persona.

Escogió natación, le parecía lo menos ridículo, lo menos alejado de sus aficiones. Iba a una piscina pública, un centro deportivo municipal para ser exactos, cerca de la guardería de Esther. Bueno: escuela de educación infantil, guardería se consideraba peyorativo: Raquel se lo había reprochado una vez, porque según ella decir guardería mostraba su falta de consideración hacia el trabajo que allí se realizaba y hacia el mundo en general. Dejaba a Esther y, si no tenía alguna cosa urgente de trabajo, iba a la piscina. Tres o cuatro veces por semana. Era más barato que el gimnasio.

A esa hora en la piscina había sobre todo gente mayor. En muchos casos eran matrimonios: el marido iba a nadar y la mujer a aerobic o pilates, también había clases de eso en el centro. Luego se marchaban a tomar el vermú, había algunos grupillos. Eran jubilados generalmente sanos y relativamente jóvenes, de poco más de sesenta, con la casa pagada o casi, seguramente muchos cobrarían más de 2.500 euros de pensión.

Esas parejas que hacían un poco de deporte por la mañana, se iban a tomar una cerveza con los amigos y después comían en casa, quizá algo sencillo y saludable, habían alcanzado la cúspide de la civilización. El mejor lugar en la mejor época, pensaba a menudo, al verlos caminar relajados, bajo el sol de las mañanas de invierno. Después de ellos todo iría degenerando.

Ahora estarían en sus casas, con los preparativos navideños. Algunos hijos vivirían fuera y volverían a pasar unos días, otros tendrían a los hijos en la ciudad y recogerían a los nietos en el colegio por las tardes. Algunas de las mujeres asistirían a clubes de lectura o irían a la escuela de idiomas, quizá esa noche estuvieran por ahí, en una cena del grupo de lectura o de la clase de francés, o se reunirían con antiguos compañeros de trabajo.

Pensaba mientras corría en la cinta y miraba la calle. La cinta estaba frente al escaparate. Pasaba mucha gente por la acera.

Era un viernes de diciembre y había muchas cenas de empresa. Él escuchaba música. Unas de esas listas que se hacía de canciones de americana.

Había leído hacía poco que Taylor Swift corría varias horas en la cinta para preparar los conciertos. Ya tenían algo en común. Él cantaba en la cinta, creía que en voz baja pero en realidad no podía asegurarlo. Además, en el gimnasio todo el mundo llevaba auriculares.

La gente que caminaba por la calle se lo quedaba mirando. No le sorprendía, a él también le pasaba cuando veía a alguien desde la calle en ese gimnasio. Era un poco como un acuario o una tienda de animales. Ahora habían prohibido algunas de esas tiendas. A Esther, la niña, le decía:

Mira, ese es mi gimnasio, ahí corro yo.

Ella contestaba que quería verle un día.

También había leído que Georges Simenon se había puesto a escribir en un escaparate para que lo viera la gente. Luego había leído que era falso. En fin.

Estaba solo en el gimnasio. Algunos transeúntes desviaban la mirada hacia él o incluso se paraban. Todavía no habían cenado, era pronto. Pero ya iban algo entonados. Alguno se reía o hacía gestos un poco burlones.

Cristina le había dicho que ella también tenía una cena de empresa. Quizá se vieran después, quizá no. Empezaba a pensar que era bastante improbable que se vieran. Le había contestado con vaguedad a la hora de comer y luego ya no le había respondido. Por eso él había decidido ir al gimnasio. Cuando llegó había cuatro o cinco personas. Uno lleno de tatuajes, enorme, que iba siempre a esas horas. Le gustaba que estuviera, le daba al gimnasio un aire de patio de cárcel que por alguna razón le divertía.

Y una chica que parecía tener 30 años, pero que debía de rondar los 60 cuando la mirabas de cerca. Operada, claro. No sabía exactamente dónde pero sin duda varias partes. La boca seguro.

Las tetas también, probablemente.

En una presentación de un libro sobre el amor un tipo del público había levantado la mano para hacer una pregunta y había mencionado a un amigo divorciado que hablaba de la época del "sinfollarismo". Al parecer un término propio de los divorciados.

Algunos divorciados caían en la depresión, la soledad, el alcohol: se aislaban, como la ciudad del texto del metro. Divorcio, paro, alcohol: la triada del suicidio, solía decir un amigo psiquiatra. Otros divorciados tenían una energía maníaca. Lo había visto en políticos, en periodistas y en un primo de su madre que fue el primer divorciado que conoció, de niño le parecía muy exótico. Eran como esos personajes de los dibujos animados que siguen corriendo después de superar el precipicio y solo se caen cuando miran hacia el suelo y ven el abismo bajo sus pies.

Jerga de divorciados, qué deprimente.

Fernando y Alberto también tenían cosas esa noche. Una cena de empresa, una reunión familiar.

Dos tipos jóvenes se le quedaron mirando desde la calle. Le señalaban, hacían gestos. Intentaban ir bien vestidos, se notaba más el esfuerzo que los resultados. Bajó la cabeza. Por alguna razón la pantalla de la cinta mostraba paisajes, como si corriera por campos y ciudades. No se había tomado la molestia de aprender a seleccionarlos y salían de forma predeterminada. París, una ciudad que quizá fuera alemana, Nueva York, un sitio de aire mediterráneo.

Con mucha frecuencia la pantalla mostraba un paisaje del Pirineo que conocía bien porque había estado allí varias veces con Raquel. Al principio le divertía: qué irónico, jaja, te quieres ir pero ahí vuelve. Como la publicidad de la cafetería donde entró cuando llegó demasiado pronto el día de la firma del divorcio: "Más unidos que nunca". Se reía, pero ese humor fatalista tenía sus riesgos. Quizá era una de esas ironías que parecen un analgésico pero te van destruyendo poco a poco, sin que te des cuenta, y un día te derrumbas, como una viga o un mueble comido por la carcoma. Seguro que no era tan difícil cambiar el paisaje, por qué coño tenía que ver el Pirineo. Esperó un poco y luego levantó la cabeza y los dos tipos le seguían mirando al otro lado del cristal.

Vio gestos burlones y los miró directamente. Se estaban riendo de él. Les hizo un corte de mangas. Luego les dijo gilipollas, imbéciles, retrasados.

Uno de los tipos se enfadó. Se encaró. Dio un golpe en el escaparate.

Vio que había otros dos hombres más calmados que trataron de contenerlo. Él hizo otro corte de mangas. Uno de los tipos intentó abrir la puerta. Por suerte, se necesitaba una tarjeta. El tipo dio unos puñetazos en el cristal. Seguramente sabía que no se iba a romper y solo lo hacía para intimidarle. Él le sostuvo la mirada, con una expresión que quería ser desafiante. No pensaba parar la cinta, pero redujo un poco la velocidad, disimuladamente.

Sus amigos se llevaron al más exaltado. El tipo volvió la vista atrás antes de desaparecer. Él subió la velocidad. Al menos al día siguiente no había cole.

Tampoco le tocaba ver a la niña. La semana anterior había terminado muy borracho un martes por la noche en una habitación de hotel con Laura, que llevaba las redes sociales en la empresa y había ido a la ciudad de visita. Diez o doce años más joven que él. En fin, cumplía la regla de la mitad más siete, más o menos. Pero perfecta operación para estrenar su soltería en la era Me Too. Había que ser imbécil.

En realidad todo había sido bastante casto y él se reía al pensar que ella le había dicho: "Ay, si no tuviera novio y el periodo".

Por la mañana había tenido que pillar un taxi para pasar por la casa de Raquel, recoger a la niña y pedir otro taxi para ir al colegio.

Antes de salir le había preguntado a Raquel si podía pasar al baño.

Sí, hombre, ahora vas a cagar en mi casa, dijo Raquel.

En realidad pensaba vomitar, estuvo a punto de decir, pero prefirió callarse. Se sintió orgulloso de aguantar.

A Esther le había encantado ir en taxi al colegio. Ahora quería ir siempre así. Se había gastado unos 30 euros, como si le sobraran. Los gastos fijos y los gastos estúpidos, pensó. Los tipos volvieron a pasar por delante del cristal y los dos primeros se lo quedaron mirando. No había pasado mucho tiempo, ¿una cerveza? Igual se habían dado prisa porque estaban pensando en él como él en ellos. Aguantó la mirada y vocalizó muy despacio para que pudieran leerle los labios:

Gilipollas.

Hijos de puta.

Esta vez intentaron entrar con más insistencia. Estuvo pensando qué podría hacer si conseguían pasar. Luego se marcharon otra vez, al fondo se veía a los más calmados, esperando.

Imaginemos que pueden abrir la puerta. No sería tan grave. Por la entrada solo cabía una persona a la vez, lo sabía porque siempre había que dejar pasar.

Podía usar una de las barras de las pesas. A ver si se atrevían.

Recordó una batalla sobre la que había leído y en la que se habían enfrentado vikingos y sajones. Un vikingo se había puesto en un puente, en una zona donde solo cabía un hombre, y con un hacha había ido matando a montones de sajones hasta que uno pasó bajo el puente y le clavó una lanza entre las piernas a través de los huecos de los tablones. Él tenía la ventaja de que no había tablas debajo y la desventaja de que no hubiera un hacha en el gimnasio. Pero creía que podía afrontar la situación.

Eso pensaba, seguramente con la sensación de falsa claridad que proporciona el ritmo cardiaco acelerado. Había descartado llamar a la policía o a seguridad, aunque sabía que había cámaras. ¿Cómo podría explicar la situación a la policía?

Mientras estuviera allí dentro estaba protegido. Pero en algún momento tendría que salir. Podrían estar esperándole cerca de la puerta. Tendría que correr ese riesgo.

Sería raro que lo esperasen con esa frío, de todas formas.

Es el invierno más crudo de las últimas décadas. La temperatura no sube desde hace días y una gran nevada deja la ciudad aislada. No se sabe si es una situación indefinida o temporal.

Menudos gilipollas si lo esperaban.

Estuvo más rato del habitual en la cinta, porque era el lugar desde donde mejor se veía la calle. Cuando terminó, se asomó al cristal para ver si los distinguía. No parecía que estuvieran allí, así que fue a otras zonas del gimnasio Hizo algunos ejercicios, examinó objetos para ver cómo podía defenderse. La barra de las pesas le parecía lo mejor. De vez en cuando se acercaba a la puerta y miraba.

Sentía algo de inquietud o miedo, pero también de expectativa. Tenía ganas de que aparecieran de nuevo ante la puerta. Estuvo un tiempo sudado, con la toalla en los hombros, un botellín de agua en una mano y la barra de las pesas cerca, esperando. La lista de canciones terminó y volvió a empezar.

A saber qué pensarían luego si alguien veía las grabaciones de la cámara de seguridad.

Finalmente se duchó y salió. Cristina seguía sin responderle, así que pensó que lo mejor era ir a casa. No encontró a los cuatro jóvenes en la calle.

Desde la esquina se veía iluminada la ventana del salón de su antigua casa. La niña ya estaría dormida. Raquel le habría leído un cuento.

Cuando vivían juntos, él era el que solía contarle una historia antes de dormir. Hacía versiones de los cuentos clásicos. Por ejemplo, en su versión de Los siete cabritillos el lobo no moría ahogado en el río, arrastrado por el peso de las piedras. Lo rescataba in extremis una loba, su enamorada.

En la esquina, viendo las ventanas de su antiguo piso, se acordó del chiste del borracho que llega a casa trabajosamente y va describiendo la escena: esta es mi puerta, esta es mi casa, esta es mi habitación, esta es mi cama, esta es mi mujer y este... este soy yo.

Seguramente, después de acostar a la niña, Raquel se habría puesto a ver una serie. O quizá habría llamado a sus padres o a su hermana.

La luz de la habitación de la niña seguía encendida. La factura todavía estaba a su nombre. Tenía que acordarse de cambiar eso también.

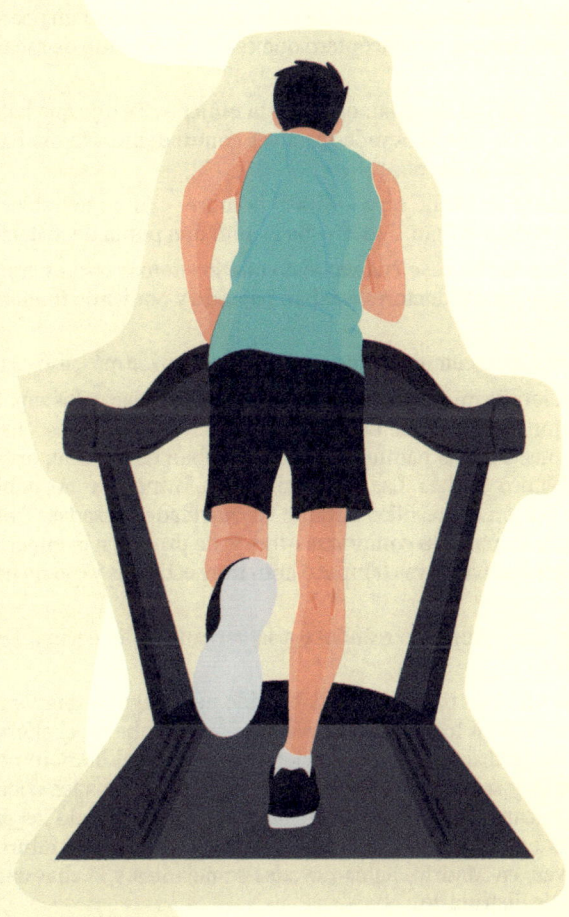

El frío

POR JOSÉ ÁNEL MAÑAS

El frío todavía les echaba el aliento en el cogote conforme cerraron la puerta de la calle. Parecía que hubiesen escapado del infierno en versión nórdica y el hombre y la mujer se frotaron las manos en el pasillo con la misma expresión que se le hubiera puesto a una pareja de marines, tras subirse al helicóptero que estuviera a punto de sacarlos del Vietnam.

—Te dije que no llegaríamos —dijo la mujer—. Te dije que había visto las previsiones y que la nevada iba a ser contundente. No me has hecho caso. Nunca me lo haces.

—Sí que te he hecho caso —dijo el hombre—. Si no te hubiera hecho caso, no estaríamos aquí. Joder. —Se le notó una punta de irritación.

—Me has hecho caso cuando viste que los demás coches empezaban a parar y que los conductores estaban bajando y poniendo fundas y cadenas.

—Te hice caso cuando vi que no se podía avanzar más, eso es todo.

Ni siquiera se miraron según se descalzaban. Dejaron los zapatos, uno tras otro, junto a la puerta. Él se sacudió, en un gesto nervioso, los pantalones. Se pusieron las pantuflas que aguardaban en el suelo, orillando el zapatero blanco de Ikea. Las del hombre, con forma de reno, habían sido un regalo burlón de los hijos durante las Navidades pasadas. Todavía no se había preocupado en comprarse otras y, de pronto, a la mujer le parecieron ridículas. Las suyas tampoco eran muy estilosas y eso no mejoró el humor que traía.

—Dios mío —dijo, acercándose a la ventana de la cocina. Descorrió las cortinas.

Lo que hacía un par de horas había sido un amago de temporal, ahora era una nevada en toda regla. La nieve se acumulaba en el alféizar de la ventana, en la caseta del perro recién muerto que el hombre no quería tirar todavía, y sobre todo en el césped artificial. Se oía a los críos del vecindario, encantados, en sus pequeños jardines, formando las primeras bolas grandes con la nieve, jugando con ella, preparando el futuro muñeco. Rara vez, en Madrid, había nevadas semejantes y la chavalada tenía intención de disfrutarlo.

—Esto parece Filomena —dijo la mujer.

La memoria de la nevada del 2022, la más grande habida en la capital en las últimas décadas, hizo que uno y otro fruncieran el ceño. En aquella ocasión, los madrileños se habían puesto a mirar al cielo y a aplaudir y a bailar, y solo quienes conocían las nevadas, como los vecinos de enfrente, una pareja de lituanos, se preocuparon de liberar el espacio delante de su casa a paletadas, aprovechando que la nieve estaba todavía suave. Solo los lituanos tuvieron la puerta de su garaje despejada al día siguiente, cuando la nieve se endureció y se convirtió en hielo. En hielo pétreo. Los plátanos de las aceras también sufrieron y muchos se vencieron por el peso inhabitual de tanta nieve y tanto carámbano en las ramas. Numerosos pinos de la zona enfermaron y hubieron de ser arrancados.

—¿Crees que merece la pena que coja la pala?

—No lo sé —murmuró la mujer.

El hombre también se acercó a la ventana. Empezaba a anochecer y no tenía demasiada gana de salir. Ya lo haré más tarde, pensó. El recuerdo de Filomena le trajo sentimientos ambiguos. Es cierto que la nevada había sido terrorífica, y que la Comunidad de Madrid había sufrido lo que no está escrito. Pero también lo era que el aislamiento de aquellos días había sido aprovechado por la pareja y sus dos hijos gemelos. Recordó momentos de los cuatro sentados en el sofá delante de la televisión, encarados con la chimenea, viendo comedias de Billy Wilder, de Woody Allen, de Charlie Chaplin. Los chicos entonces todavía vivían en casa. Tras la circunstancia la familia salió, claramente, reforzada. De alguna manera, fueron como vacaciones improvisadas. Unas vacaciones de verdad. Nada que ver con el agobio del confinamiento, igual porque Filomena se sabía que acabaría en un par de días y nunca generó la misma incertidumbre.

—¿Encendemos la chimenea?

—Me parece bien —dijo la mujer.

El hombre abrió la puerta de la calle. Entró un viento frío, con algunos copos de nieve. Salió por un momento al garaje donde se apilaba, en un lateral, la leña para el invierno, la que había sobrado del año anterior. Cogió un par de troncos de encina y los llevó al casete del salón. Los metió dentro. Con la ayuda de un par de pastillas de encendido arrancó la chimenea. Mientras su mujer le decía cuidado, no ahúmes la casa, cerró la casete y observó las llamas que envolvían la leña, lamiéndola ruidosamente, al otro lado del vidrio cerámico. Esa imagen siempre le había gustado. El espectáculo resultaba muy relajante, muy zen, muy mindfulness, o lo que fuera.

—Con esto tenemos para rato —murmuró.

El matrimonio se acomodó en el amplio sofá en ele que ocupaba medio salón. Se aposentaron uno en cada extremo, y entremedias quedaron dos cojines mullidos, marcando el lugar donde solían sentarse los gemelos. La mujer encendió, con el mando, el televisor. Es posible que ella también tuviera en mente las situaciones agradables que se habían dado durante aquella primera nevada, la famosa Filomena. Pero muy pronto la realidad disipó los recuerdos.

—Nada —dijo, contrariada. Meneo la cabeza, como para recalcarlo.

—¿Cómo que nada?

—Que nada. No hay conexión.

—¡Pero esto es un atropello! —exclamó el hombre, ahora ya sí que asustado. Quedarse atrapado en casa podía tener su parte buena..., siempre que hubiera entretenimiento.

—Pues es lo que hay —contestó la mujer—. No hay conexión, no te lo voy a decir dos veces. —Soltó el mando de mala gana. Se fue a la cocina. Allí se la oyó abriendo el frigorífico y algún armario.

La pantalla del televisor corroboró, con un mensaje mudo y escueto, casi siniestro, las palabras de ella. La irritación del matrimonio, que parecía haber amainado con el regreso a casa, se reavivaba como las ascuas de ese fuego vivaz en el interior del casete. Suspirando por segunda vez, el hombre se puso en pie y se acercó a la jaula de los hámsteres que había en el salón, sobre una mesita lateral, una herencia de sus dos hijos, los puñeteros hámsteres, encima los compraron un mes antes de saber que se iban. Las mascotas hacían su vida, como de costumbre. Uno de los animalitos, el macho, se había metido en la rueda de plástico azul y no dejaba de dar vueltas a cada vez mayor velocidad. Al hombre le resultó repentinamente patético ver en el interior de esa jaula al minúsculo animal corriendo frenéticamente en un ciclo interminable, como atrapado en un laberinto del que no podía escapar. Sus ojos, proporcionalmente grandes y desorbitados, brillaban reflejando la cercana luz con una mezcla de miedo y ansiedad. El pequeño cuerpo no paraba de moverse. El silencio opresivo de la estancia contrastaba con el sonido constante de las patitas en la rueda de plástico azul, que, pese a su ritmo, no conducían a ninguna parte.

—¿Y cuánto tiempo nos vamos a quedar así? —preguntó en voz alta y tontamente. Seguía hipnotizado por el movimiento de la mascota. Enseguida hizo un esfuerzo para girar sobre sus talones y apartar los pensamientos nihilistas que aquello le suscitaba. Su esposa ya volvía de la cocina con una taza de té entre las manos—. ¿Por qué suspiras?

—Pues porque es la primera vez en años que nos quedamos sin conexión. Si no vuelve, no sé muy bien qué es lo que podemos hacer. —La mujer permanecía en pie. Los dos se miraron de nuevo. Se encararon en medio de una estancia a medio iluminar—. No, si estás pensando eso, ni hablar.

—Pues claro que no estoy pensando en eso —replicó el hombre, vivamente, y es posible que algo mortificado. Era mentira. Aunque, por supuesto, jamás lo hubiera admitido—. ¿Quién te crees que soy, un acosador?

—No te pongas dramático. Eres mi marido. Pero te digo que no.

—Tengo más de cincuenta años. Llevamos juntos treinta. No te preocupes que no te voy a saltar encima. Si te soy sincero, este asunto me empieza a cansar.... —añadió, sin que quedase muy claro a qué se refería.

El hombre se volvió hacia la jaula de los hámsteres y comprobó que la hembra ahora pretendía apartar al macho de la rueda. Cómo no, pensó. Tuvo la impresión de que la jaula, con sus finos barrotes, parecía irse estrechando cada vez más, como un espacio claustrofóbico donde la libertad solo era un recuerdo distante. La soledad del cautiverio se hacía palpable en cada giro desolador que realizaba el diminuto macho. Cuando dejó de dar vueltas a la rueda de plástico azul y salió, la hembra le mordió sin razón alguna. ¿Por qué le habrá mordido esta hija de puta?, pensó el hombre. ¿Pero qué necesidad, si ya te ha dejado el sitio? Aquello suscitó una retahíla de pensamientos misóginos que su esposa debió de percibir de inmediato, porque dijo:

—No empieces.

—¿Cómo que no empiece?

Al hombre le molestó que ella fuese capaz de leer en su estado de ánimo como en un libro abierto. A él le costaba siempre más saber lo que ella estaba pensando. El carácter de ella era mucho más subterráneo y sutil, a lo mejor más sofisticado, no tan reptiliano.

—Que no empieces con lo de la crisis de los cincuenta, que me lo conozco de memoria —explicó en un tono didáctico, insultantemente didáctico—. Llevas casi medio año con eso. Que si estás bajo, que si todo te parece triste, que si nada tiene sentido desde que se fueron los chicos...

Los gemelos se habían marchado a Roma en septiembre, para un Erasmus al alimón, como hacían todo, y sus habitaciones permanecían cerradas, arriba. Nadie entraba en esos cuartos. Al principio les resultó triste a los progenitores, pero ya se iban acostumbrando. Recientemente los gemelos solo habían vuelto para Navidades y el reencuentro fue agridulce. Los sintieron agobiados todo el rato, les molestaba cualquier comentario, contaban poco de su nueva vida, casi parecían estar deseando volverse a sus respectivas residencias, como si el ambiente negativo que reinaba en la casa resultase contagioso.

—¿Y qué? —preguntó el hombre.

—Pues que cuando tuve mi cáncer de mama, igual te fijaste, no te di tanto la lata.

El recuerdo de las visitas al hospital y el trauma que supuso aquello se interpuso entre la pareja como un espectro desagradable, espantando cualquier otro elefante que pudiera haber habido en la habitación. La mujer pasó por quimioterapia y se tiró un buen puñado de meses con un pañuelo cubriéndole el cráneo. Pero parecía, con la distancia, irreal. El matrimonio se recuperó del golpe anímico, pese a que la intimidad física entre ellos nunca volvió a ser la misma. La mastectomía y los medicamentos, que probablemente anulaban la libido, tampoco ayudaron.

—Pero ¿qué tendrá que ver una cosa con la otra? —masculló el hombre—. ¿Y qué tendrá esto que ver con Netflix y con la nieve?

—Pues todo.

—¿Cómo que todo? Explícate.

—"Explícate, explícate". Me asfixias pidiendo explicaciones. Me agobia estar encerrada en casa contigo, sin conexión. Mira... —La mujer enseñó su teléfono móvil, chasqueó la lengua—. Tampoco hay cobertura.

—Lo dices como si fuera culpa mía.

—Es que, de alguna manera, lo es. Llevas unos meses que no hay quien te aguante.

—Será porque me han echado del trabajo, ¿no te parece?

—Será por eso, sí —asintió ella.

—Y porque desde que estoy en el paro procuro no gastar ni un duro, tampoco, por no cargarte...

—Me doy perfecta cuenta. Y te lo agradezco, cariño.

La mujer ni siquiera alzó la cabeza. Al hombre le pareció, de pronto, evidente por qué fracasaban tres de cada cuatro matrimonios. Si supieras que tres de cada cuatro paracaidistas que saltan antes de ti se estampan en el suelo, ¿saltarías? Pues claro que no. Solo un gilipollas lo haría. ¿Somos tan gilipollas los hombres?

—Si no veo a la gente, es también por eso —murmuró, volviéndose de manera involuntaria hacia la jaula de los hámsteres. Ahora era la hembra la que había entrado en la rueda de plástico azul y el macho quien la miraba desde el comedero—. Sé que no soy buena compañía en este momento. No quiero cargar a nadie con mis penas.

—Pero es que a mí no necesitas hablarme para cargarme con tus penas. ¿Hace falta insistir en las obviedades, cariño? —dijo ella, a sus espaldas—. Además, te ofrecí ir a un sicólogo y no quisiste.

—Fui a una primera sesión y me cobró ochenta euros por escucharme. Me parece un robo.

—Los sicólogos escuchan a los pacientes, cariño. Es su trabajo. Supongo que, a estas alturas de la vida, te habrás dado cuenta.

Aquella era una de las principales diferencias entre cómo había afrontado ella su cáncer y él su depresión posdespido. Igual tenía que ver con la manera en la que los dos sexos afrontan los problemas, ella siempre buscando la compañía, el consejo, y él a solas, pensó el hombre. Pero tampoco lo dijo.

—En todo caso, lo dejaste de inmediato, cariño —observó ella con un suspiro. Y debía de estar pensando algo desagradable, porque descartó la idea con un gesto impaciente de la mano—. Pero ya lo hemos discutido mucho. Es agua pasada, ¿quieres que volvamos a ello?

El hombre se dio la vuelta para encararse con su esposa, esta vez con una hostilidad manifiesta.

—No, pero quiero que te des cuenta de los sacrificios que hago por ti.

—Tú, tú, tú. Siempre eres tú, cariño.

El tono de la bronca iba subiendo. La habitación se oscurecía cada vez más con la caída de la noche.

—Es que me señalas con el dedo, "cariño". Por eso procuro defenderme.

—Si fueras menos egocéntrico, te señalaría menos. Siempre hablas de ti, siempre te pones como ejemplo. Yo, yo, yo...

Ahora ya sí que la irritación había desbordado la presa de la cortesía, venciendo toda resistencia posible, y se hizo palpable una vez más en la voz de él, quien sintió la necesidad de justificarse.

—No es que sea egocéntrico. Es más, procuro no serlo. El problema es que cuando reflexiono sobre gente a mi alrededor, en algún momento vuelco el pensamiento sobre mí por elegancia. Por no ver la paja en el ojo ajeno y obviar la viga en el propio.

—Eso me lo has explicado mil veces, cariño.

—Y tú siempre...

—"Siempre" es una palabra que quedamos en no usar.

—... me apuntas para resaltar mis contradicciones.

—¿Y a quién voy a apuntar, si no? Ya estamos. Otra vez va a ser culpa mía. Siempre es culpa mía o de los demás. Lo podemos dejar, ¿por favor?

La mujer lanzó una ojeada expresiva a su alrededor como buscando ayuda. El hombre se quedó un momento en silencio. Por el rabillo del ojo volvió a observar a los hámsteres, que parecían haberse hartado de la rueda de plástico azul y ya comían en el comedero. Los dos parecían, ellos sí, tranquilizados. Los animales al menos, pensó, tenían una comunicación más transparente, ajena al lenguaje. Luego resopló. Tras pensarlo, se dirigió hacia la puerta del salón. Tomó las escaleras de mármol que subían a la segunda planta de la vivienda, donde las habitaciones.

—¿Ya te he ofendido otra vez? ¿Adónde vas, cariño?

—¡A echarme un rato!

La mujer meneó la cabeza y se metió en el despacho, la habitación aledaña: era allí donde habían teletrabajado durante el confinamiento los dos en mesas vecinas, de espaldas el uno al otro. La mesa de ella estaba perfectamente ordenada. La de su marido era, por el contrario, un caos. Pero hacía ya media vida que la mujer daba por perdida esa guerra. A esas alturas jamás la ordenaba. Se encargaba de ello, una vez por semana, la chica que les hacía la limpieza. En el despacho pulsó el interruptor de la luz. Se acercó a la ventana del fondo. Entre las persianas descorridas se veía la capa de nieve que ya debía tener unos buenos diez centímetros, estimó, cubriéndolo todo. La iluminaba vagamente la farola de la calle más cercana y, en esos instantes, la luz del propio despacho. Más allá se adivinaba la pequeña piscina cubierta por la lona que solía amenizar sus estíos en la casa, por lo menos la quincena que quedaban en Madrid. El verano, con su ritmo desahogado, parecía a esas alturas algo muy lejano. Resultaba increíble que hiciese apenas tres meses pasaran todos tanto rato en el jardín, prácticamente medio desnudos. El buen tiempo y la sociabilidad estival con vecinos y amigos facilitaba la convivencia, y luego las dos semanas en el Mediterráneo, con bastante alcohol de por medio, solían ser llevaderas. Y ya a la vuelta de vacaciones, cuando tocaba retomar el trabajo, recuperaban ambos el ritmo de crucero. Pero este año su marido no se había reincorporado a su oficina, y llevaba ya cinco meses en casa enviando currículos por Linkedin, haciendo entrevistas varias, mintiendo sobre su edad, e interesándose, por primera vez, por unas oposiciones.

—Pues si me asfixias me asfixias, ¿qué quieres que te diga? —musitó para sí. Se sentó delante del ordenador, el cual no tardó en brillar. Comprobó que seguían sin conexión. Eso la malhumoró aún más. Oyó pasos y se volvió una vez más hacia la puerta abierta del despacho. Su marido se había cambiado arriba y bajaba con una mochila al hombro.

—¿Sabes qué? —le espetó él, parado en la puerta del despacho.

La mujer lo miró, sin alterarse ni levantarse del sillón rotatorio. Todavía llevaba las pantuflas de reno y le costó reprimir la sonrisa.

—¿El qué, cariño?

—Que me voy.

—Pues muy bien, cariño.

—¿Solo me dices eso? —repuso el hombre, desconcertado. Su silueta, perfilada en el vano, la alumbraba la lamparilla que desde encima del estrecho zapatero iluminaba el pasillo.

La mujer ahora sí que sonrió, casi con crueldad.

—Pero ¿adónde te vas a ir, cariño? —pronunció esta última palabra con afectación. Pestañeó un par de veces—. ¿No has visto la que está cayendo? Si no se puede salir de casa. No hay nadie fuera ya. Seguramente, la puerta del garaje ni se abriría. Estamos atrapados, querido.

El hombre se quedó un momento perplejo. Su reacción había sido estúpida y comprendió que su mujer estaba en lo cierto. De pronto se sintió doblemente humillado, tanto por la situación como por la sonrisa que se le dibujó a ella en el rostro. Pero no quiso darse por vencido. Se quitó las pantuflas. Se puso de nuevo las botas Panama Jack, todavía húmedas de nieve, que seguían a un lado del zapatero, al pie del radiador. Abrió la puerta de la calle y encendió, dándole al interruptor, la lámpara de luz blanca que colgaba sobre el rellano de la entrada. El coche, un BMW que ya tenía unos añitos y alguna que otra abolladura (de ella, por supuesto), seguía aparcado en el garaje desde que llegaron. Sin dudarlo más se metió en el interior. Abrió, con el pequeño mando, la puerta automática del garaje. Efectivamente —lo constató, según se alzaba la puerta automática, por la creciente ranura—, la nieve espesa cubría buena parte de la calle. Circular, ahora mismo, era una temeridad. Volvió a bajar la puerta del garaje. Se salió del habitáculo del vehículo, dio una patada enrabietada a la caseta del perro y entró en casa derrotado.

Su mujer seguía sentada ante el ordenador cuando volvió a pasar por delante del despacho. Tras descalzarse de nuevo, dejó caer la mochila sobre el arcón de madera que había al fondo del pasillo. Era donde guardaban las fotos, tarjetas postales, los dibujos de los niños, recuerdos de treinta años de matrimonio. Muchos recuerdos.

—Qué puñetería que no haya conexión —murmuró ella.

Él la miró desde el vano de la puerta. Luego, sin cuidado ninguno, subió por las escaleras. Lo hizo con precipitación, con una inusual energía, como marcando con cada paso su enfado. Pero ella ni siquiera volvió la cabeza. Seguía obsesionada con la conexión. Si esto se prolongaba, ¿hasta cuándo podrían aguantar? Estaban a viernes. La asaltó el pensamiento de que podían quedarse todo el fin de semana aislados. ¡Todo el fin de semana! ¿Y con su marido? Los dos solos. La circunstancia le pareció, de pronto, tan terrorífica que sintió un pequeño escalofrío, un desagrado sin justificación racional ninguna. Como si alguien estuviera andando sobre tu tumba, así lo describen los anglosajones.

Sintió el impulso de sacar el móvil de su bolso, de llamar a una de sus amigas, a cualquiera, o a su madre, o a alguno de sus colegas, pero se dio cuenta de que seguía sin cobertura y chasqueó la lengua de nuevo.

Desde luego, era una situación inédita.

Arriba, en el dormitorio, continuaba el ruido. No se sabía muy bien qué es lo que estaba haciendo el marido. Tampoco le importaba, a decir verdad. Sonó el agua del baño. Se está preparando un baño caliente, qué más da. La verdad es que tan mala idea no era. Pero si esperaba que subiera y pasar el rato con tonterías de película erótica de los setenta, eso lo tenía muy claro que no estaba dispuesta. Desde que perdió su trabajo le había explicado que verlo desesperado no le disparaba la libido sino todo lo contrario... y a partir de cierta edad ya puede una prescindir de determinadas cosas. Bueno, excepto si lo intentaba el nuevo comercial que había fichado su empresa, un tipo de cuarenta años que estaba, lo comentaban todas las compañeras en la oficina, cañón. Quedar encerrada con él sería divertido. Desde luego nunca se atrevería a hacer nada serio, pensó (ella era una mujer muy clásica), pero siempre resultaba agradable el flirteo sin ninguna toma de riesgo. En fin.

La mujer se puso en pie y volvió al salón. La chimenea había prendido, aunque fuera tenuemente. El ventilador en el interior del casete expulsaba el calor, a través de la rejilla, en dirección a la estancia. Eso habría sido el momento perfecto para sentarse y ver la tele. Pero por supuesto no había tele. ¡En buena hora habían pasado todo a la conexión digital!

Con un nuevo chasquido de la lengua se le escapó la mirada hacia el ventanal del salón. Al comprobar que la nieve seguía depositándose en la terraza, fuera, pensó que la naturaleza era inclemente y que ella nunca había sido ninguna partidaria de la naturaleza. A su marido sí le gustaba subir a la sierra, hacer caminatas, coger la bicicleta de montaña, y luego el deporte, cualquier deporte pero últimamente sobre todo el pádel. A ella todo eso más bien la aburría. Ni siquiera le gustaba el pádel, que tan de moda estaba entre sus amigas. Si jugaban alguna vez en pareja, era por darle gusto a su marido, más que otra cosa, y porque él siempre insistía en que hicieran deporte juntos.

—Menudo día más tonto...

Cogió el tizón, abrió el casete y recolocó los troncos de encina que ya prendían con algo de brasa por debajo. Oír el chisporroteo de la chimenea la calmó. Sin pensarlo, volvió a encender la televisión. Casi por reflejo. Como si la mera insistencia pudiera activar los aparatos... Y para su sorpresa, esta vez apareció la N de Netflix en pantalla.

—¡Cariño! —exclamó—. ¡Que ya tenemos Netflix!

La alegría hizo que desaparecieran, como por arte de magia, las amarguras que parasitaban su pensamiento desde que estaban en casa. Recuperó su estado de ánimo habitual. La sacrosanta tecnología acababa de iluminar el presente.

—¡Cariño, baja, que ya tenemos cobertura! ¡Podemos ver una película!

Lo exclamó con un brillo de alegría en la voz. Se asomó al pasillo para encararse con el hueco de las escaleras por donde había desaparecido hacía un rato su marido. La mochila permanecía encima del arcón. Arriba se seguía escuchando el agua. Pero su marido no contestaba.

—¡Cariño, que todo ha sido una broma, haz el favor de bajar, que ya estoy buscando una película! —voceó, satisfecha.

Y se sentó en el sofá mientras, con una sonrisa de oreja a oreja, cogía el mando y buscaba en el menú las películas que le recomendaba la aplicación. Arriba, el grifo del agua seguía abierto.

Fin

Cómic como elemento educativo

POR RAFAEL JIMÉNEZ
ILUSTRACIÓN CaMiNaNTe

Desde hace un tiempo para acá ha surgido en la educación española una corriente que utiliza el cómic como una herramienta pedagógica y de aprendizaje. Esto ha llevado a emplear el cómic como material para estudiar temas y asignaturas, realizar estudios a través del lenguaje del cómic o elegir el cómic como lectura en clase. Incluso se va más allá y se toma al cómic como forma de expresión, explorando su potencial para fomentar habilidades críticas y creativas. Y esta nueva percepción ha llevado al cómic desde un concepto como mero elemento de diversión a convertirse en un elemento integrado en el currículo escolar.

Hace unos años, esto era impensable; el cómic era visto como una forma de entretenimiento sin ninguna base académica ni interés educativo. Se le concedía al tebeo una función introductoria a la lectura, pero no se consi-deraba una forma de lectura en sí. En este aspecto, teníamos la frase "El niño que lee un tebeo, el día de mañana leerá un libro", que le quitaba importancia a leer un cómic, dándole simplemente un valor de llevar al lector a otros logros más importantes en su lectura. Aún recuerdo cómo los más reacios a la lectura de tebeos los veían como una pérdida de tiempo que distraía de lo verdaderamente importante, que era la lectura de libros. El tebeo se consideraba algo infantil y se pensaba que, con el paso del tiempo, desaparecería de la vida de una persona más adulta, concepto que se ha demostrado totalmente equivocado. Referente a la lectura, los cómics ofrecen una forma accesible de mejorar la comprensión lectora. A través de la secuenciación visual de la historia, los lectores aprenden a interpretar textos de forma más efectiva. El uso de viñetas y diálogos ayuda a desarrollar habilidades de inferencia y análisis, necesarias para comprender textos más complejos en niveles posteriores de educación.

Sin embargo, esta concepción trasnochada sobre la lectura de cómics ha cambiado. Profesores y educadores han visto el enorme potencial del noveno arte, con su lenguaje propio, que es tan enriquecedor y que aporta tanto. El cómic tiene un lenguaje, como ya hemos dicho, único, con características singulares y con un elemento que lo hace diferenciador. El cómic es el único medio en el que el lector es un elemento activo del hecho narrativo, ya que debe aportar en las estructuras de su mente aquellos elementos que faltan en la narración. El lector de cómic, a través del fenómeno de la clausura, es capaz de dotar de movimiento a las figuras estáticas de una viñeta. Este proceso convierte al cómic en un medio único y muy atractivo. El cómic y su lenguaje hacen que los alumnos pongan en marcha unos procesos cognitivos que estimulan una lectura creativa, enriquecedora y participativa.

El cómic, ya libre de estos corsés y de las concepciones negativas, demuestra ser un elemento que, por sus características y por su atractivo, es a día de hoy una fórmula transversal para abordar temas de historia, educación social, literatura o incluso de divulgación científica.

Y no solo se utiliza con el público infantil; la pluralidad de títulos y la madurez estilística hacen que los cómics ya no tengan, como antaño, un límite de edad, sino que encontramos cómics para cualquier edad y sobre cualquier temática. Los cómics nos pueden contar las duras vivencias de un enfermo de Alzheimer, los problemas de un

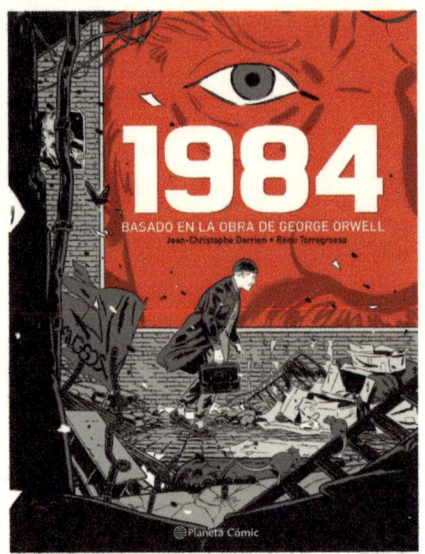

adolescente con su identidad sexual, acoso en el ámbito escolar o los problemas de una persona enferma terminal.

El ámbito educativo no solo está encontrando en el cómic un magnífico aliado, sino que ambos se encuentran en una perfecta simbiosis, ya que la necesidad de nuevos lectores es primordial en el cómic y qué mejor buscar esos lectores en las aulas donde los estudiantes descubren en muchas ocasiones la lectura.

Aunque esta relación está demostrando ser más que beneficiadora para ambos, hay mucho en lo que trabajar desde el ámbito escolar y desde el mundo del cómic. Ambos pueden aportar a esta relación un plus para que el uno se aproveche más del otro y viceversa.

Con el auge de la tecnología digital y la globalización, los cómics han encontrado su lugar en diferentes contextos educativos. Ejemplos de programas exitosos incluyen la utilización de cómics en clases de historia para representar eventos clave o en literatura para fomentar el análisis crítico de narrativas.

Por parte del mundo académico nos encontramos con que actualmente son pocos profesores los que implementan al cómic en sus clases y, aunque los resultados les avalan, no existe una respuesta institucionalizada a esta demanda. Nos encontramos con francotiradores que aprovechan sus conocimientos sobre cómic para trabajarlos en el aula. Todo mejoraría si la lectura de cómics y su utilización transversal estuviesen institucionalizadas y recogidas en los planes de estudio. A la vez, muchos de los profesores actuales no tienen idea del cómic, títulos, estilos, géneros... Unos cursos para que los educadores tuviesen consciencia de qué es el cómic y unos conocimientos sobre qué títulos se pueden elegir según el tema que fuera a tratar. Esto también lo podemos extrapolar a los profesionales de las bibliotecas, otro lugar a tener en cuenta para el cómic. Aunque eso sería otra historia.

En lo referente a cómo el mundo del cómic puede ayudar al ámbito educativo, hay varias acciones muy interesantes. El cuidado de las editoriales a la hora de tener en su catálogo tebeos que puedan servir para lo aquí explicado y darlos a conocer a los centros escolares, explicándose la posibilidad de trabajo con ellos; esto sería puramente una función de asesoramiento y de marketing. Un catálogo que pudiera ser entendible por los profesores también ayudaría mucho, dividido por materias. Fundamentales son las guías de lecturas.

Cada cómic podría venir acompañado por unos cuadernos de trabajo que sirvieran a los profesores para trabajar el cómic en clase. No se trata de hacer de un cómic un libro de texto, pero sí de hacer de un cómic un material que sirva para enseñar tanto a los alumnos como a los profesores. Para los autores, siempre que su tiempo se lo permita, es un placer poder visitar las aulas y tener un contacto directo con los lectores. Y, por último, una fórmula que ayude a que esta relación sea fructífera sería que, por parte de las editoriales, dispusieran de ejemplares en materiales más baratos que los comerciales para poder mejorar la oferta a los centros cuya economía es paupérrima.

En mis inicios laborales, hace ya de ello 30 años. Soy monitor de animación a la lectura.

Siempre el cómic ha resultado un instrumento magnífico para desarrollar mi trabajo.

Desde mi faceta de autor siempre he luchado porque el cómic sea esa herramienta para la educación que por potencialidad debe de ser; en mi más reciente faceta como guionista he tenido en mi pensamiento esa faceta pedagógica proponiendo obras que pudiesen ser utilizados en el aula. Digamos que he intentado unir los dos mundos, resultando de ello una extraordinaria experiencia.

Desde estas palabras animo a los profesores a descubrir el cómic y a los autores a entrar en los centros escolares; ya os digo que puede ser de lo más gratificante que te pueda ocurrir.

CAMPANAS

Escrito y dibujado por Juan Carlos Villacampa en diciembre de 2024

Dedicado
a mis abuelos que no conocí,
a Felisa que nos acompañó hasta los 102 años,
a los objetos que nos aportan emociones,
a todos los que murieron en la DANA del
29 de octubre de 2024,
a la dibujante Cristina Durán que tanto me ha inspirado
y al padre que estuvo cuatro horas abrazado
a un árbol en medio de la riada.

Técnica empleada: carbón, sanguina, bolígrafo, acuarela y barro.

CAMPANAS

El agua, inevitable para la vida,
destruye, ahoga y se lleva todo.

Aún sonaba el toque a nublo,
para ahuyentar la tormenta...

1

// Tente nube, / tente en tí /
no caigas sobre mí. //

La riada llegó a
la segunda planta,
donde la troje se vino
abajo y las campanas,
anunciando el desastre,
tañeron su toque a rebato.

Tolón,   tolón,
        tolón,   tolón,
cada vez más rápido.

La cámara escupía, por la ventana rebasada,
los objetos de los abuelos.

El **hierro** es pesado y
ama la gravedad.
Las **rejas** del arado se
fueron a pique junto
con los **utensilios**
del a**buelo** Julián.
Enseres que dejaron
de **martillear**
hace **muchos** años.
Pinzas, mazos,
gatos, zapatas
de carro, **herraduras,**
limas y hoces
se **clavaron** en la
tierra una vez más.

La **reja**, gra**bada** con
el **nombre**
del **agricultor** que
al **arar** pide
permiso, a**bandona**
su **timón y** se
hunde en el lodo.

La rana que engullía tejos volvió a sumergirse.
Tras muchos veranos, con la boca abierta, a la
sombra de la higuera en la piscina, dejó de croar.

Se perdieron las fotos.

Los cántaros apenas navegaron unos segundos,
como aquel que cortó el dedo a mi madre al
intentar subirlo a la borriquilla que se movió.

Las piezas cerámicas mal cocidas se convierten en barro.
Las que cristalizaron en el horno se rompen al chocar con
los muebles, los cacharros y los cajones de botellas que
ya han estallado.

Una mesilla asoma sobre la corriente de barro.

La mesilla era de la **tía Amparo**, la hermana de mi abuelo. Cuando cerró la churrería y se jubiló, se fue con su hija a la ciudad. Dejó los muebles de su dormitorio, la cama, la mesilla y el armario, junto con unos cuadros de chinos pintados en cartón. Hoy nadan.

Villacampa

7

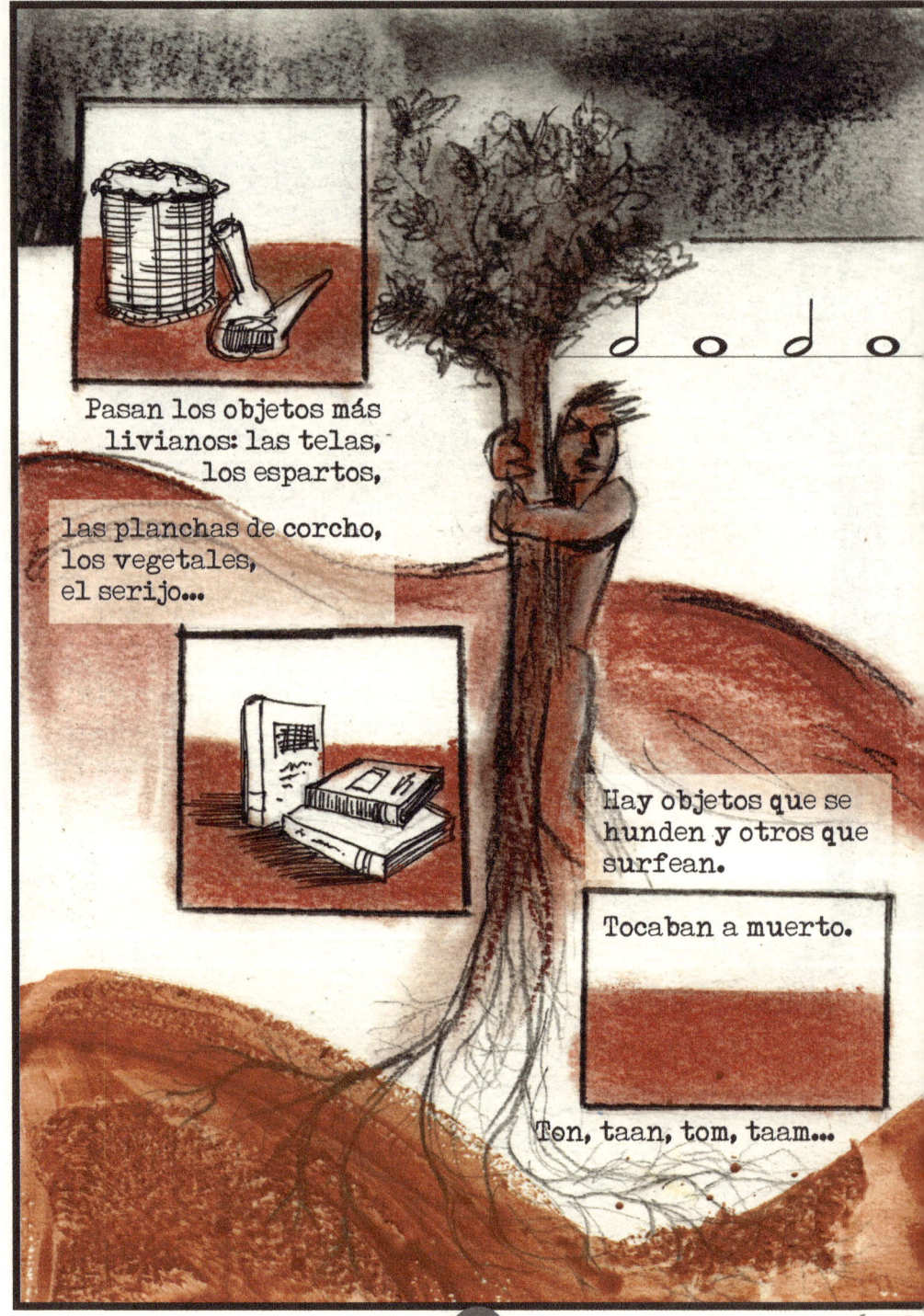

d o d o

Pasan los objetos más
livianos: las telas,
los espartos,

las planchas de corcho,
los vegetales,
el serijo...

Hay objetos que se
hunden y otros que
surfean.

Tocaban a muerto.

Ton, taan, tom, taam...

8

Nos aferramos a la **vida** como
el árbol hunde sus raíces
en el barro.

Y se **mantuvo** el olor a
patata recién arrancada.

// Si eres agua, ven acá, / si eres piedra, vete allá,
/ siete leguas de mi pueblo / y otras tantas más allá. //

9

De Comala a Macondo

El beso de la Mona-Mujer

POR FERNANDO IWASAKI
ILUSTRACIÓN DIVERGENTE[84]

LO PRIMERO QUE un detective debe saber es que el cliente siempre quiere tener la razón y que para eso nos contrata: para que se la demos, aunque no la tenga. En realidad, nadie quiere saber si su pareja le pone los cuernos, sino por qué se los ha puesto. Por eso yo siempre investigo incluso al cónyuge que me contrata, para que a mis clientes les quede muy claro que se merecen todo lo que les ocurre y probablemente algo más. Sin embargo, aquel cincuentón era incapaz de entender que cuando uno es gordo, calvo, casado, padre de tres hijos y apoderado taurino, algunos bailaores flamencos también prefieren a los toreros.

«Averigüe si mi churri me ha dejado por otro con más pasta» —me imploró sorbiéndose los mocos— «porque si es más guapo no quiero enterarme». El churri de mi cliente resultó ser un mindundi de los cojones, pues nadie me habló bien de él ni en los tablaos, ni en las peñas, ni en las compañías de danza, ni en las academias en las que impartía clases de baile flamenco, donde sólo había dejado una pésima impresión.

— Tiene toda la mala hostia del mundo —me advertían.

— Entre lo tarde que llega, los cigarros que se fuma y el mamoneo del estiramiento, nunca da ni diez minutos de clase —se quejaban.

— Ese malaje sólo se estira cuando bosteza —corregían otros.

— Además habla malamente de todo el personal —me contaron en un tablao.

— Aunque lo tengas en nómina, si le sale otro curro te deja en la estacá —me dijeron en una compañía de baile.

¿Por qué diablos mi cliente querría recuperar semejante alhaja? «Es que usted nunca lo ha visto bailando por farruca con su tanga de grana y oro», me respondió mientras le chorreaban dos lagrimones y me entregaba los billetes de avión, los *traveler's checks* y todos los documentos para el viaje, porque al niño le había salido una gala en Costa Rica y después de dos meses ni llamaba, ni escribía, ni cogía el teléfono, ni se conectaba al «messenger».

— Tiene que estar poniéndose morao —sollozaba el apoderado taurino— porque si le faltara dinero ya mi móvil habría pegao un explotío.

— ¿Y usted no cree que le haya ocurrido algo malo al chaval? —quise saber.

— Usted no sabe cómo es de bravo mi churri —me dijo aquel tipo, acostumbrado a pagar el salario del miedo—. Usted le da una navaja y mi churri le trae al Bin-Laden ése partío a cachitos.

Y así aterricé en San José de Costa Rica dispuesto a encontrar al «Tsunami de Sanlúcar», alegría de mi cliente y —por qué no— sin duda de otros espontáneos del mundo del toro.

Los policías «ticos» dejaron pasar mi Smith & Wesson en cuanto desenfundé la famosa chapa de los «Detectives Larry», pero se quedaron con mi petaca de anís Arenas creyendo que era del Mono. «Es por su bien, señor. No sea que la Mona-Mujer lo huela y le meta machete».

Camino del hotel, el taxista se sintió en la obligación de instruirme sobre la gastronomía, las playas, el mujerío y la vida nocturna costarricense. Así me habló del sabroso gallopinto, una guarnición de arroz revuelto con frijoles negros que los «ticos» comen a todas horas del día. Me describió la paradisíaca playa de Puerto Viejo en la caribeña provincia de Limón, a la que Ana Belén supuestamente dedicó una canción («Cómo es que no se la sabe, señor»). Me contó que las «ticas» tenían la belleza de las venezolanas, el *glamour* de las argentinas, la gracia de las panameñas y el furor de las cubanas. Finalmente, se puso a mi disposición para llevarme a los antros más exclusivos de la noche «tica» o a buscarme lo que hiciera falta.

— Busco a un joven español que se llama «Tsunami de Sanlúcar» —me animé a comentar viéndolo tan dicharachero.

— Si al señor le gusta la lucha libre, yo lo llevo al Gimnasio Nacional.

Cuando le expliqué que «Tsunami de Sanlúcar» no era un luchador sino un bailarín, el taxista comenzó a mirarme de reojo por el espejo retrovisor. Cuando me interesé por el ambiente homosexual de Costa Rica el taxista empezó a revolverse en su asiento. Y cuando quise saber si me podía acompañar esa misma noche a una discoteca gay, el taxista frenó en seco y me gritó que me bajara del coche. Tuve entonces que explicarle que yo no estaba proponiéndole nada personal («Qué dicha, señor»), que yo era detective privado («Qué dicha, señor») y que había viajado a Costa Rica sólo para encontrar al amante de uno de mis clientes («Qué dicha, señor»).

— Es que como uno de cada tres españoles es gay, señor.

— ¿De dónde ha sacado usted eso?

— De la tele por cable, señor. En todas las películas, en todos los programas y en todas las series españolas, todo el mundo es gay, señor.

— Pues sí que nos ha calado, usted.

— Qué dicha, señor.

Mi hotel no estaba en San José, sino en el barrio de Escazú, la zona más *in* del Costa Rica. Ahí también se había alojado «Tsunami de Sanlúcar» y por lo tanto aquí tenía que comenzar mi búsqueda: en el Hotel

Real Intercontinental de Multiplaza, un trozo de lujo asiático incrustado en el Caribe: jacuzzi, sauna, gimnasio, spa y hermosas monitoras de pilates a disposición de los clientes. Me parecía increíble que una sola noche en aquel hotel costara mucho más que la reventa de una barrera en la Maestranza para el Domingo de Resurrección. Tras una siesta reparadora me dirigí al bar del hotel, donde descubrí que los camareros también veían la tele por cable:

— Como el señor es español, seguro querrá saber cuál es la mejor discoteca gay de Costa Rica.

— No hace falta, amigo. En Andalucía vivimos otra realidad nacional.

— Qué dicha, señor.

Así, barruntando que no era el mejor momento para preguntar por las mejores discotecas gay de Costa Rica, decidí mostrarle al camarero la foto del churri de mi cliente. Pasó un ángel. Pasó otro. Y antes de que pasara el tercero tragué saliva y me atreví a informarle al camarero:

— Es más conocido como «Tsunami de Sanlúcar».

— No me suena de la lucha libre, señor —respondió receloso aquel hombre, sin apartar la vista de esa fotografía donde «Tsunami» bailaba, casualmente, de grana y oro.

En vano le hablé del mundo flamenco, del arte jondo y del duende gitano de «Tsunami de Sanlúcar», pues ese camarero del Hotel Camino Real creía que ya me tenía totalmente calado. De hecho, cuando me despedí me entregó una tarjeta espolvoreada de chillonas purpurinas que decía: «Discoteca Club OH! *Lounge and Nightclub*. First drink free para nuestros hermanos españoles». Estaba claro que la tele por cable era muy popular en Costa Rica.

Cuando salí a la calle me sorprendió la cantidad de vigilantes jurados, policía privada y perros adiestrados que patrullaban Multiplaza, así que le pregunté a mi amable taxista si algún presidente o estrella del rock se alojaba también en mi hotel. «No, señor. Es por la Mona-Mujer. También hay que proteger al turismo, pues».

— Pero ¿quién es la Mona-Mujer?

— Es el diablo, señor.

Costa Rica se había llenado de inmigrantes nicaragüenses y con ellos también cruzaron la frontera los monstruos, las pesadillas y las supersticiones de los «nicas». Como la Mona-Mujer, una suerte de súcubo selvático que roba fruta, secuestra niños y seduce a los incautos bajo la apariencia de una bella mujer que luego se convierte en una mona criminal. ¿No es maravilloso que los inmigrantes también impongan sus leyendas urbanas? «España se nos va a llenar de historias de vampiros y sacamantecas» —pensé— «con tanto inmigrante rumano y ecuatoriano». De pronto el taxista se detuvo delante de una deslumbrante tormenta de neones: habíamos llegado a la discoteca Club OH! Lounge and Nightclub.

II

APENAS ENTRÉ EN Club OH! sentí los agudos alfileres de docenas de miradas. ¿Me mirarían por ser el único heterosexual de la discoteca gay o más bien por estar buenorro? Esa duda me inquietaba. En realidad, mi intención era pasar desapercibido, pero me cargué la estrategia en cuanto pedí una copa en la barra («Cusha, quillo. Ponme un casho cubata en lo arto»), porque el camarero encendió un micrófono y su voz tronó por todos los altavoces de la discoteca: «¡Qué dichaaaa, otro hermano españoooool!».

De pronto cesó el reguetón tecno y una multitud desaforada me rodeó al son de *Borriquito como tú*, entre arrumacos, carantoñas y otras efusividades que callaré por pudor. Me sentí como esos delanteros que meten un gol en el último minuto y terminan sepultados en la banda por sus compañeros. Me sentí como esas estrellas del rock despelotadas por sus fans y otros coleccionistas de pelos. Me sentí como esos toreros que salen a hombros por la puerta grande y que recién en el hotel descubren que les han robado la taleguilla.

En medio de los gritos de «¡España, España, España!» reconocí los acordes aflamencados de *Noches de bohemia y de ilusión*, y mientras el personal me marcaba el ritmo con las palmas, un gordo disfrazado de extra de *Cats* —o tal vez de simplemente de «Garfield»— me preguntó de lo más Fellini:

— ¿Tú también bailas flamenco, satiricón?

— ¿A quién has visto bailando flamenco? ¡Dime, haz favor!

Pero «Garfield» me clavó las uñas y se fue maullando entre saltitos, porque los parroquianos del Club OH! ya me hacían compás de bulerías a la vez que me jaleaban con gritos de «¡Eso é!», «¡Vamos allá!» y «¡Toma que toma!» ¿Quién les habría enseñado aquel soniquete tan flamenco? En esas cavilaciones estaba cuando una ronquísima voz femenina disolvió la manifestación: «¡Ya, chicos! Dejen tranquilo a nuestro invitado y sigan divirtiéndose. ¡La casa invita una copa!». La dueña de esa voz no estaba nada mal. Cuarentitantos muy bien llevados y con unas hechuras de escándalo. Vamos, como para terminar yonqui por ella, aparcando coches en la Alameda de Hércules.

— Usted perdone, señor. Ellos sólo querían demostrarle que España es el País del Orgullo Gay.

— Qué dicha, señorita –le respondí rezándole a San Judas para que no fuera *Drag Queen*.

En menos de una hora Cleopatra Clemencia me había contado su vida y hasta me pareció que coqueteaba con refinado descaro. Así, tres matrimonios a la deriva la habían convencido de que la compañía masculina era deprimente y que los únicos hombres sensibles, leales y sentimentales que había conocido eran homosexuales. Por eso se convirtió en empresaria especializada en el mundo gay («Son los mejores clientes del universo. No se privan de nada y todo se lo gastan en ellos», decía) y en una escéptica del amor.

— ¿Y qué hace un tipo como tú en un lugar como este? –quiso saber.

— Busco a un gachó más conocido como «Tsunami de Sanlúcar».

— Lo siento, los brutos de la lucha libre nunca vienen por aquí.

Cuando le expliqué que el chaval era bailaor flamenco me contó que «Tsunami» —en efecto— había sido un fijo del Club OH! hasta que conoció a «Bobby One», famoso mánager «tico» que sólo contrataba a grandes artistas como Cheyenne, Maná, Shakira, Los Tigres del Norte y Marc Anthony. «Tsunami de Sanlúcar» era medio cateto y seguro que también soñaba con arrasar Miami como cualquier otro huracán. ¿Por dónde coño tendría que buscarlo ahora? ¿Qué cojones hacía en Costa Rica entonces? Menos mal que Cleopatra Clemencia salió al quite oportuna: «Chico, ya que estás aquí, vamos a entrarle al vacilón».

Cleopatra Clemencia me explicó que en Costa Rica los hombres de nuestra edad se iban a los bares de la calle de la Amargura para ligar con niñatas de veintitantos, mientras que las chicas como ella, de cuarentipico, preferían dejarse querer o tomarse una copa en lugares más elegantes y románticos como el Tokú o el Jazz Café. «Son los típicos sitios para ligar con rocas», me susurró enronqueciendo todavía más su voz.

— ¿Quiénes son las rocas? –pregunté.

— Las mujeres como yo: solas, inteligentes y sin compromiso.

— Qué dicha, Cleopatra Clemencia.

En realidad, cuando uno pasa de los cuarenta, ligar se convierte en un problema porque uno ya está en la edad de pillar y matar, o de ser pillado para dejarse matar. ¿Por qué allá en Sevilla no habría lugares como ese Tokú, ese Jazz Café o ese Jaulares, donde todo el mundo sabe que ha ido para lo que ha ido? Qué maravilla, aquí en Costa Rica las mujeres de mi edad ni parecían de mi edad, ni necesitaban ver *Sexo en Nueva York* para saber de qué iba la película. Aquella noche cenamos en Los Anonos y nos morreamos durante varias canciones de Cat Stevens, Peter Frampton y James Taylor, antes de acabar espatarrados en mi habitación del Hotel Real Intercontinental. ¿Para que voy a liarme con una niñata de veinte años si mis contemporáneas están como un cañón? Además, me da pereza ponerme pendiente, hacerme coleta y dejar que los pantalones se me chorreen por el culo para parecer más jovencito.

— Cleopatra Clemencia, te voy a poner mirando a Gelves.

— Qué dicha, pero te informo que hacia allá queda Guanacaste.

Tengo que reconocer que durante los días siguientes me desentendí de la búsqueda de «Tsunami de Sanlúcar», porque Cleopatra Clemencia me atendía como si yo fuera el mismísimo míster Marshall. Una noche me llevó a cenar a la cava del Club Unión, otro día comimos en el Omán-Kayán y un fin de semana que fuimos al Añoranzas de Heredia terminamos en el alucinante Hotel Alta en el Alto de las Palomas, un lugar de ensueño construido alrededor de un guanacaste asombroso y mitológico. Todo habría sido perfecto si el apoderado taurino no me hubiera llamado de madrugada mientras aplicaba una *intrapiernosa*:

— ¡Coño, «Larry», que no te se olvide que tienes que encontrar a mi churri, haz favor!

— Lo siento, pero su churri se ha largado con «Bobby One».

— ¿Con Obi-Wan Kenobi? ¿El actor? ¿Mi churri es el nuevo «pádawan» de Obi-Wan Kenobi?

— No, con «Bobby One», un mánager de la farándula.

Nunca me ha gustado que me lloren ni en el hombro ni el móvil, pero a un cliente siempre hay que darle la razón, aunque sea un apoderado taurino con el corazón partío por culpa de un bailaor flamenco. Mi cliente quería una carta de despedida de «Tsunami de Sanlúcar» y yo estaba dispuesto a quedarme en Costa Rica el tiempo que hiciera falta para que la escribiera. Cuando colgué, Cleopatra Clemencia —que en el fondo era una romántica de los cojones— me dijo que teníamos que encontrar al luchador flamenco de mi cliente: «Ahorita mismo llamo a la discoteca para que me digan dónde pueden estar «Bobby One» y el maremoto ése».

El radio-macuto-gay resultó más eficaz que un escuadrón de la CIA, porque en menos de media hora nos dieron el soplo que esperábamos: «Bobby One» había alquilado la «Honey Moon Suite» del hotel Punta Islita, donde llevaba más de una semana encerrado con «Tsunami de Sanlúcar». Recordé los lagrimones del apoderado y me imaginé a su churri bailando por farruca de grana y oro. Punta Islita estaba en la cima de una montaña en la costa del Pacífico, a poco más de media hora de vuelo de San José. Según Cleopatra Clemencia, Punta Islita era uno de los hoteles más bellos del país y el lugar ideal para desaparecer con alguien especial. O sea, para ponerse morado, pensé.

— Lo único que me preocupa es que está cerca de la selva —rezongó.

— ¿Musho mosquito? —pregunté.

— No, es que es el territorio de la Mona-Mujer.

Entonces acaricié el cañón de mi Smith & Wesson y me arrepentí de no haber traído la munición apropiada: balas con mercurio para que el herido muera envenenado si no palma del balazo. ¿Y si fundía la medalla de mi cofradía para fabricar una bala de plata?

— ¿Tú crees que la Mona-Mujer se cargue a «Tsunami»? —quise saber.

— La Mona-Mujer sólo mata hombres heterosexuales, querido.

Camino del aeropuerto comprobé desolado que la medalla de mi hermandad sólo podía alcanzarme para un perdigón.

III

LA AVIONETA DE Nature Air aterrizó en una pista construida al pie de la montaña y yo me puse de los nervios, porque pensé que se nos quedaba corta.

— No se preocupe, señor —me dijo el piloto— que si la avioneta no hubiera frenado nos frenaba la selva.

— ¿Y cuando la pista se queda chica para despegar? —repliqué agobiado.

— No pasa nada porque sólo nos caemos al mar.

— Qué dicha —respondí resignado.

Yo soy enemigo de llevar mujeres desconocidas a las islas desiertas, porque las tías que más me gustan son las que ya conozco. ¿Y para qué

soñar con una isla desierta si existe Punta Islita? ¡Qué pasada! Si yo me sacara el «gordo» me traía a Punta Islita a una gachí que conocí en el «Louisiana» de La Buhaira, una noche que ella discutió con su pariente. Eso sí, primero le dejaba a los hijos colocados y al marido le compraba una parcela rústica para que se la recalificaran antes de las municipales. Hay que ver cómo me puso el nabo la pureta de los cojones: como mando de Play-Station en fiesta infantil. «Te estoy entregando mi cuerpo, pero no mi alma», me decía. Desde esa noche me aboné al «Louisiana», pero nunca más la volví a ver.

Si nuestro bungalón tenía jacuzzi, sauna y piscina privada, ¿cómo sería esa «Honey Moon Suite» donde «Tsunami de Sanlúcar» se estaba haciendo un homenaje? Me quedé con las ganas de saberlo porque cuando llegamos los pájaros ya habían volado hacia el balneario de Tabacón Resort Spa, un paraíso de aguas termales en medio de la selva y a la vera del Volcán Arenal, muy cerca de la frontera con Nicaragua. No se privaban de nada los jodíos.

Aquella noche cenamos a la luz de la luna unos solomillos encebollados con huevos y gallopinto, plátanos maduros fritos, zumo de guanábana y helados de maracuyá. Y mientras bebíamos nuestros *daikiris* al relente, Cleopatra Clemencia me comentó que todo en Costa Rica estaba preparado para el placer, la belleza y el disfrute. «Por eso no sólo vienen turistas de todo el mundo, sino que hasta los pensionistas europeos y norteamericanos prefieren pasar aquí los últimos años de su vida». Me explicó entonces cómo una parte importante del PIB del país provenía de las divisas de las pensiones de miles de yanquis, canadienses, suecos, alemanes y daneses que llegan a Costa Rica para comprarse una casita frente al mar en Cabo Blanco, Nicoya, Punta Arenas y Manuel Antonio, lugares tan o más bonitos que Punta Islita.

— ¿Cómo puede existir algo más demasiao que Punta Islita, Cleopatra Clemencia?

— Y mira que tú no conoces todavía el balneario de Tabacón, ahí donde se nos ha escapado el maremoto ése. Qué dicha, chico.

Así, después de una noche plena de ron, sexo y fútbol por cable, volvimos a subirnos a la avioneta de Nature Air en dirección al Volcán Arenal, territorio de benéficas aguas termales y de la maléfica Mona-Mujer. De nuevo creí que la pista de despegue se quedaría corta y que acabaríamos en el mar, pero el piloto logró elevar la nave antes que aterrizaran todos los mangos, piñas, zapotes, papayas, guayabas y guanábanas que me había zampado en el desayuno.

Desde la ventanilla de la avioneta pude contemplar el cráter del Volcán Arenal, una versión en miniatura del Vesubio y del Fuji-Yama. ¿Cómo podían estar los turistas tan panchos debajo de un volcán en constante actividad? Nunca supe de dónde salió la pista de aterrizaje ni cómo pudimos aterrizar, porque yo estaba traspuesto mirando los árboles. Mira que me gustan los pinos, los cipreses y los naranjos, pero árboles árboles —lo que se dice árboles— era como si los hubiera visto por primera vez en la selva del Arenal.

Uno está acostumbrado a leer que los peces grandes se comen a los más chicos y algo parecido me cuentan que sucede con los animales que contratan para los documentales de naturaleza, pero en la selva del Arenal descubrí árboles como parásitos gigantescos que nacían sobre las ramas de otros árboles a los cuales terminaban asfixiando con sus raíces. Así vi un enorme guanacaste marchito, aprisionado bajo las raíces como barrotes de un higuerón nacido en la copa del árbol nacional de Costa Rica, y de inmediato me imaginé a dos dinosaurios vegetales devorándose mutuamente. Un árbol papeándose a otro árbol de los cojones. Seguro que para impedir un canibalismo así el ayuntamiento de Sevilla ha preferido talar todos los árboles del centro: para que las jacarandas, los magnolios y las plataneras no se merendaran entre ellos.

Si Punta Islita ya era la leche, Tabacón Resort Spa era la vaca. Las instalaciones, los bungalones, las cascadas, los caminitos que se perdían entre la vegetación, todo. Todo era la repapanocha. No puedo explicarlo con palabras: era como un jardín japonés, pero sin japoneses; era como *La casita de la pradera*, pero en la selva de los cojones; era como entrar en el Cielo, pero pagando, coño. De pronto, de un bungalón salió «Tsunami», casualmente de grana y oro: «¡Cleopatra Clemencia, shosho! Ya le decía al «Bobby» que no venías».

¿Cómo que el «Tsunami» era tronco de Cleopatra Clemencia? El número no me gustó ni mijita, la cosa olía malamente y me daba mal bajío no saber cómo se llamaba la película, pero puse cara de ministro y entré al bungalón para seguirles el mamoneo. Mi instinto de «Larry» se arrancó a funcionar después de tantos días de estar mirando a Gelves y comencé a hilar fino: el «Bobby One» de los cojones era un chufla que tal vez no era ni mánager ni ná; el «Tsunami de Sanlúcar» era un matao que jamás sería una figura del baile y ninguno de los dos parecía tener suficiente pasta como para pagarse los homenajes en Punta Islita y el balneario de Tabacón (todo el bungalón estaba lleno de camisetas horteras y de los típicos souvenirs de madera de cocobolo), así que sólo Cleopatra Clemencia podía haber montado todo aquel tinglado. ¿Pero para qué?

— El señor ha venido desde España para que le escribas una carta de despedida al gordo ése que tú tenías en Sevilla —le dijo Cleopatra Clemencia al «Tsunami», más ronca que nunca.

— Qué disha, shoshete; pero necesito una mijita de intimidad para escribirla —respondió «Tsunami» y se fue caminando hacia su cuarto con la misma lentitud pensativa con que los bailaores se recogen de los escenarios.

Entonces decidí encarar a Cleopatra Clemencia y con todo el rebote que tenía en lo alto le exigí que me dijera por qué me había alejado de San José, por qué me había seducido a lo bestia y por qué me había traído con engaños hasta la frontera con Nicaragua, si en realidad estaba conchabada con «Tsunami de Sanlúcar». Seguro que la estaba haciendo sentir malamente porque la Cleopatra Clemencia se puso descompuesta: las cejas se le encresparon, los hombros se le alfombraron de pelos, la boca se le llenó de otros dientes y sus pies marcaron un 44 como poco. Cleopatra Clemencia ya era mona, pero se estaba poniendo más. ¿Cómo no me había dado cuenta antes? ¡Cleopatra Clemencia era la Mona-Mujer! No sabía si llamar a los Geos o a Milenio Tres.

En una fracción de segundo recordé toda mi asignatura de artes marciales del módulo de detectives del INEM, pero como también me acordé de que me catearon, preferí reventarle en todo el morro un tapir de Lladró que decoraba el bungalón. Entonces corrí hacia la habitación de «Tsunami» y atranqué la puerta mientras rastrillaba mi Smith & Wesson. Sobre la cama, «Tsunami de Sanlúcar» escribía su carta como si nada en un bloc de papel de café: «Las balas no le hacen nada, tío. Ahora sí que te va a comer la churra de verdad. ¡Qué passssada!».

Los golpes de la Mona-Mujer destrozarían la puerta en menos de tres minutos y nadie en el balneario Tabacón podía enterarse de nada porque el Volcán Arenal escupía en ese momento sus celebrados salivazos de lava. «La Mona-Mujer sólo mata hombres heterosexuales», me había dicho Cleopatra Clemencia. Contemplé las hechuras de «Tsunami de Sanlúcar», lo vi de grana y oro espatarrado sobre la cama, y entonces me lo imaginé bailando por farruca. Cuando la puerta voló en mil pedazos era imposible saber quién gritaba más: si la Mona-Mujer, «Tsunami de Sanlúcar» o yo.

— Prepárate para morir —rugió la monstruo.

— Va a ser que no, porque ahora yo también soy gay.

— ¡Eso es imposible porque tú no has nacido gay! —volvió a rugir.

— Pero en España sí es posible porque allá es una «opción» sexual.

— ¡Y si le tocas un pelo a mi churri te saco los ojos, bruja! —terció «Tsunami de Sanlúcar».

La Mona-Mujer salió aullando por la ventana y el «Bobby One» se fue por piernas del bungalón. Con los cheques de viajero que me quedaban abrimos un chiringuito para surfistas y mochileros en la playa de Mal País. Meses más tarde, el apoderado taurino envió a otro «Larry» en nuestra búsqueda y después de un ataque de cuernos terminó mandándonos más pasta, pero con la condición de que le ficháramos al «Bobby One» de los cojones. Para qué, yo ya me siento feliz aquí, en Costa Rica, aunque a veces me acuerdo de la gachí del «Louisiana» de La Buhaira y se me caen dos lagrimones.

La historia del Marques de Villena

o la redoma encantada.
Nueva edición

POR LONDO MOLARI
ILUSTRACIÓN CaMiNaNTe

PROLOGO

Las tradiciones de los cuerpos se perpetúan de padres á hijos, corren hasta la posteridad, y se arraigan de tal suerte, que el trascursos de los siglos no consigue borrarlas.

Todos los países del globo las tiene mas ó menos exageradas, mas novelescas, mas terribles, según el carácter de sus habitantes. Las de Alemania por ejemplo, tienen un carácter triste y nostálgico: Las inglesas pecan por sanguinarias: las francesas por extravagantes y las nuestras por poéticas.

La dominación de los árabes en España, que duró por espacio de ocho siglos, produjo un número considerable de cuentos é historias que vinieron á parar en tradiciones, que hoy día se sacan todavía á luz con bastante éxito.

Nuestros caballeros de aquellos tiempos eran galantes, y sobre todo valientes. Grandes amigos de aventuras, no era extraño que sus hechos, más ó menos célebres, pasasen de boca en boca y hayan llegado hasta nuestros días.

Pero entre todas, ninguna tan sabida, tan comentada ni tan referida entre toda clase de personas, como la que vamos á relatar.

Pocos serán los españoles que ignoren que existió un hombre á quien llamaban el Marqués de Villena: que este hombre era un sabio nigromántico, dado á la magia y á las cábalas de su profesión; en una palabra y según el decir de las viejas, que era un brujo completo.

Todos los narradores de sus hechos y hazañas convienen en que sabía mucho, y por lo tanto, que por medio de su sabiduría llegó á conseguir el descubrimiento al volver al mundo, pasando algún tiempo después de su muerte, á cuyo efecto tomó en vida las competentes precauciones.

Cuáles fueron estas, van á saberlo muy en breve nuestros lectores, pero con la circunstancia de que van á saberlo de dos distintas maneras; esto es, en la primera parte referiremos lo que se cuenta entre el vulgo; y en la segunda daremos noticia de los sucesos verídicos del personaje que nos ocupa, sucesos que nos ha trasmitido la historia, y que se acercan á la verdad, porque sí todos los hechos de ella no son enteramente exactos, son á lo menos posibles.

De este modo creemos conseguir el objeto que nos hemos propuesto, satisfaciendo todas las exigencias y presentando á nuestro héroe bajo todas las formas con que ha sido caracterizado por espacio de algunos siglos.

Sólo falta que el lector torne de todo ello la parte que le convenga, y que crea de su historia lo que mejor se adapte á su creencia.

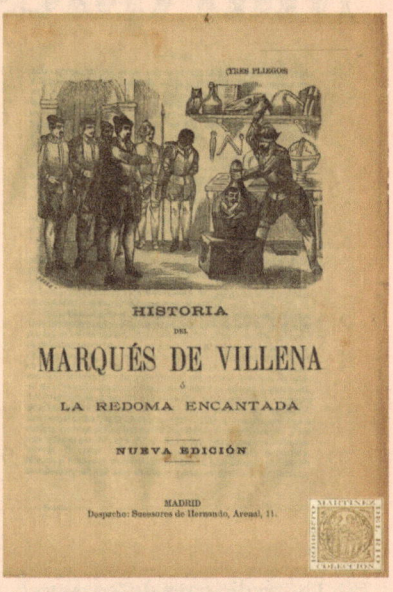

HISTORIA DE MARQUES DE VILLENA o la redoma encantada

PRIMERA PARTE

Don Enrique de Villena, marques de este nombre era caballero que vivía en tiempo del rey don Enrique III.

Su nobleza era de las más antiguas de España, y como á tal, tenido y reputado por uno de los hombres más respetados de su tiempo.

Así como en aquella época de revueltas, guerras y trastornos los más de los caballeros se daban al duro ejercicio de la guerra, el marqués de Villena siguió un camino contrario, y se dio al estudio de las ciencias, particularmente de las que enseñan la astronomía, la astrología y la magia.

Por lo que respecta á la primera, sabía leer en las estrellas como nosotros leemos en un libro. Conocía todos los planetas descubiertos hasta entonces, que á la verdad no eran muchos: conocía las revoluciones periódicas de los astros: pensaba tal vez, no podemos asegurarlo, que la luna tenia habitantes, y que el sol era un globo inextinguible de fuego: imaginaba tal vez que la tierra contaba más años de existencia que los que suelen darle: en suma, enterado de toda esa máquina celeste que tanto ha dado que hacer y que pensar en el mundo; y así es que por lo que él veia hacer á ella, pronosticaba. Le eran también comunes los demás fenómenos de la naturaleza, y por lo mismo no les tenia miedo, pues sabia las causas que los promovian. Al ver estallar el rayo y retumbar el trueno, se quedaba tan tranquilo y sereno como si tal cosa. Estaba cierto que el choque eléctrico producido por este fluido al pasar de una nube á otra ó al subir de la tierra á las regiones elevadas, ó bajar de estas á la tierra, que producia la claridad veian sus ojos y el estampido que aturdía sus oidos; y así por este estilo los demás que acontecia en la naturaleza, que todo es sencillo y natural como ella misma.

Se puede casi asegurar que en la ciencia que dejamos mencionada, el marqués era un verdadero sabio. Tocante á la astrología ya es otra cosa. El marqués adivinaba lo futuro y conocía lo pasado, aun de tiempos más remotos.

En cuanto á la parte de magia que se le atribuía, dicen que tenia hecho pacto con el demonio; y que este le suministraba todo lo que le, hacia falta, y por lo tanto lo pasaba tan ricamente.

El marqués se empeñó, pues, en que habia de sacar un buen fruto de su saber y de su buena cabeza. El pacto que tenia hecho con el demonio le ligaba de manera que no le era dable tal vez llevar á cabo su pensamiento; pero como el demonio no es tan avisado como le creen algunos, no era acaso dificil hacerle una jugarreta.

El pacto, sin duda, consistia en entregarle el alma cuando muriese. El caso era no morirse nunca, ó á lo menos poder resucitar cuando le conviniese, y ya tenemos que en este caso semejante pacto era nulo mientras el marqués respirase el aire de la vida. Pero esto tenia sus mil y un inconvenientes; mas ¿quién es el hombre y mayormente si tiene talento, que no sabe vencerlos?

La dificultad estaba en que el demonio no supiese su muerte cuando aconteciese. El marqués sabía que valiéndose de ciertos medios tenia que resucitar más adelante, y cuando volviese á resucitar, ya idearia otros para engañarle nuevamente.

No sé si me esplico bastante para que me entiendan mis lectores; pero por si acaso, me esplicaré más claramente. Para cuando muriese el marqués, necesitaba un sustituto que le representase durante el tiempo que permaneciese en el sepulcro; y el demonio que lo veria andar en el mundo todavía, creyese de buena fé que su señoría no pensaba en morirse.

El marqués tenia un negrito, á quien profesaba mucha emoción y cariño. Dormia en su mismo cuarto, le seguía en la calle, en el campo, en suma, por todas partes. Algunos habían dado en decir que era su demonio familiar; pero esto ya vemos que no tiene sentido común, por cuanto Villena trataba de engañar al demonio, y siéndolo el negro, es claro que se lo hubiera contado al otro, y todo se hubiera perdido.

El negro, pues, de D. Enrique de Villena fué el sujeto destinado para sustituirle durante su muerte cuando ocurriese.

El marqués había fabricado un sombrero mágico, y este sombrero era el objeto que debía hacer el principal papel en la comedia que iba á representar.

Una noche D. Enrique llamó al negro y le dijo:

-Mira, querido Alí. Cuando veas que estoy para morir, no te apartarás un solo momento de la cabecera de mi cama, ni permitirás que entre nadie á verme. No quiero médicos, porque éstos me matarían antes de tiempo. No quiero criados, porque al verme espirar procurarian robarme lo mejor de mi casa. No quiero tampoco ver á mi mujer, porque al verme en tal estado proyectaría buscar luego otro marido. Por último, tú solo has de asistirme, y desgraciado de tí si no haces lo que ahora para entonces te mando.

El negro se ofreció cumplir exactamente sus mandatos, y el marqués continuo en estos términos:

-¿Ves este sombrero? Pues tan pronto como yo deje de existir te lo pondrás en la cabeza, y al instante tomarás mí propia forma; es decir, que todos creerán que soy yo en persona y te respetarán como á tal, y disfrutarás de todo lo que yo disfruto.

Pero ten cuidado de no quitarte nunca semejante sombrero: en el momento que tal hicieses volverias á aparecer en tu primitiva forma, y me perderías para siempre. En seguida cogerás mí cuerpo, lo desnudarás de la ropa y colocándolo encima de la gran mesa de mi laboratorio, del cual tú solo tendrás la llave, que encontrarás en mi ropilla, lo harás menudísimos pedazos sin desperdiciar lo más mínimo. Carne, huesos, tripas, en fin, todo debe mezclarse perfectamente, y cuando toda esa amalgama estuviese como carne de salchicha, la encerrarás en la botella núm. 1 que encontrarás entre otras detrás de mi sillón de badana verde. En tal estado y con mucho tiento esconderás esta botella en un gran montón de estiércol, procurando que nadie se atreva á, removerlo por mucho tiempo, lo cual conseguirás fácilmente, pues tú solo serás el amo de mí casa. Pero desgraciado de ti, te repito, sí equivocas la mas mínima de mis órdenes, desgraciado de ti, pues no ignoras cuántos medíos tengo para perderte, aun después de muerto.

Calló el marqués, y el negro le dió todas las seguridades posibles de ejecutar sus mandatos.

Después de lo referido pasaron solo algunos años, viniendo el día en que D. Enrique de Villena se puso enfermo de peligro.

El negro, como lo tenia mandado su amo, no pemitió que nadie entrase en el aposento.

Llegó, por fin, la hora postrimera, y el marqués dejó de existir. inmediatamente el negro se caló el sombrero, y D. Enrique de Villena se dejó ver en su propia forma bajo la figura del negro.

Los que sabían lo que él marqués podia, no extrañaron de su pronta, convalecencia, dándole por ello mil enhorabuenas.

El negro entónces hizo lo que el marqués le había prevenido, y sus restos mortales fueron encerrados en la redoma designada y ocultos en el monton de estiércol prevenido.

Pasáronse algunos meses. Todos cumplimentaban al negro como lo hacían antes con el marqués: su misma esposa le hacía mil caricias, y el negrito estaba tan contento, que deseaba que aquello durase muchísimo tiempo.

Sin embargo, todo el mundo observaba que el marqués no se quitaba jamás el sombrero ni en la mesa, ni en la cama, ni en ninguna parte descubria su cabeza. Tuviéronle algunos por una rareza del marqués; pero viendo los criados que no iba á misa, que no frecuentaba la corte, que huia del trato de todo el mundo, le tuvieron por un completo hereje, por un desnaturalizado, y empezaron á murmurar altamente de su proceder.

Entonces fué cuando le atribuyeron con más fervor sus artes diabólicas. Entonces fué cuando le creyeron brujo rematado y todo lo demás que nos cuenta la historia.

¿Nuestros lectores querrán saber lo que hacia el demonio entretarito? Nada. Como lo ignoraba todo, se estaba tan satisfecho como si tal cosa.

Más como las cosas mal hechas no pueden durar mucho tiempo, vino el dia en que el diablo, como suelo decirse tirase de la manta y se descubriese el pastel.

El marqués, mejor dicho el negro, tuvo precision de salir una mañana de su casa y se vió obligado á pasar por frente una iglesia. El negro apretó el paso á fin de no verse precisado á tener que quitarse el sombrero. Pero ¡oh fatal casualidad! En aquel mismo momento salia el Viático, y era fuerza hacerle el debido acatamiento. El negro, sin embargo, no entendió de razones quiso apresurar sus pasos con el objeto de no encontrarse frente á frente con Su Majestad. En balde lo intentó, y la procesion cruzó la calle antes que el negro pudiese ponerse en salvo. No obstante, se mantuvo parado en el dintel de una puerta sin quitarse el sombrero. Al ver los presentes tal desacato; semejante irreverencia, empezaron á murmurar y á denostarle, y uno más atrevido que todos, le pegó un manoton, y el sombrero vino rodando por el suelo.

Figurémonos ahora como se quedarían los espectadores de tal escena. La figura del marqués desapareció completamente, quedando solo la fea y repugnante del negro, quien confundido y amilanado, no tuvo valor para coger el sombrero y encasquetárselo de lluevo, con lo cual tal vez hubiese podido remediarlo todo.

Armóse un completo alboroto en la callé; cada cual comentaba el suceso á su modo, no faltando quien dijese que la irreverencia del marqués había ocasionado que Dios le convirtiese en aquel mismo acto con el ser deforme que tenían á la vista.

Se enteró la justicia, vinieron los alguaciles y corchetes, y el pobre negro, en medio de las burlas, pedradas y silbidos de la multitud, fué conducido á la sala del tribunal. Allí tuvo quo cantar de plano, confesar lo que había sucedido, las ordenes que le habia dado su amo el difunto marqués, y señalar el lugar donde se hallaba escondida la redoma.

Inmediatamente el tribunal completo se puso en marcha. Una inmensa muchedumbre le seguia á fin de ver en qué pararía tan extraordinario suceso.

Llegados al estercolero se buscó la redoma, procurando cogerla con tiento para no romperla. Descubrióse por fin, y se vio que contenia líquido amarillento en el que sobrenadaba un feto como el de un niño de ocho meses. Solo faltaba ya uno para que el marqués apareciese de nuevo en el mundo. El negro fué decapitado y la botella hecha pedazos y enterrado el cuerpo que contenía, no quedando á los" pocos años mas que el recuerdo de lo qué había pasado. Sin embargo, este recuerdo ha llegado hasta nosotros. Hay quien asegura que la redoma no se encontró por más diligencias que se practicaron y por más señales que el negro dió de ella y del lugar donde la había enterrado. De todos modos, el demonio habia ganado la partida. Muerto el marqués, su alma le pertenecía. ¿Le recogió por fin? No lo sabemos; talvez más adelante podamos decirlo á los lectores.

SEGUNDA PARTE

CAPÍTULO PRIMERO

Algunas Noticias acerca del monarca que ocupaba el trono.—Concepto que el vulgo tenía formado del marqués de Villena—Noticias exactas de su vida.—Su carácter y circunstancias que le adornaban

En la época á que se refiere esta historia, ocupaba el trono de Castilla D. Enrique III apellidado el Doliente á causa de la endeblez de su físico, y de los continuos males que le aquejaban.

Había subido á ocupar el trono, vacante por la desastrosa muerte de su padre don Juan I, ocurrida en Alcalá de Henares por una caida de caballo.

La corona se puede decir que vacilada en su, cabeza, por cuanto el monarca cuidaba menos de sus Estados que de los males que le afligian.

La multitud de cortesanos que le rodeaban, ávidos siempre de honores y grandezas, únicamente procuraban por sus adelantos, sin cuidarse mucho de la salud del rey, á quien ni amaban aborrecían. El carácter, empero, más verdaderamente distintivo de aquella remota época, era la lucha establecida y siempre dependiente entre el príncipe y sus primeros súbditos; una escala ascendente y descendente á los pecheros vasallos de vasallos y á los reyes señores de señores era un, gran obstáculo que impedia al gobierno ejercer á la vez su influencia igual, equitativa por todos sus dominios; el pechero, doblemente súbdito tenia dobles obligaciones para con su dueño inmediato. Por otra parte era muy, particular el poder de los orgullosos magnates sin cuya voluntaria cooperación hubiera sido ilusoria la autoridad del del soberano.

Los caballeros principales de la corte se ocupaban tambien de cuando en cuando en las guerras con los moros ó en la de Portugal, las cuales hacía mucho tiempo que tenian los ánimos en espectativa.

La guerra hacía las delicias de los señores de aquellos tiempos, que en ella engrandecian y prosperaban. El siglo XV era pues, el siglo de la caballería y las artes y las ciencias estaban completamente olvidadas.

No obstante, no faltaba alguno que rindiese sincero culto á estas últimas aun cuando el vulgo ignorante y supersticioso tratase esta afición de una manera poco noble.

En aquella época se tenia por sobrenatural cuanto no estaba al a1canee de la generalidad; y se atribuía a magia y sortilegio lo que no se comprendia. De ahí las supersticiosas tradiciones de la edad, los crasos errores de aquellos siglos medio bárbaros cuyas sorprendentes historias han llegado hasta nuestros días desfiguradas y aumentadas segun la voluntad de los narradores.

Complácese por lo comun el vulgo en crear gigantes donde solo hay enanos; figúransele fantasmas lo que son cuerpos reales y verdaderos, y en medio de sus ilusiones rara vez da en el blanco, ni sabe apreciar debidamente la ciencia de las cosas, ni dar su verdadero colorido a los sucesos que naturalmente pasan entre los humanos.

La historia del marqués de Villena, que vamos á referir á nuestros lectores, es una prueba de lo que acabamos de decir. Esta histeria que se ha hecho tradicional entre la mayor parte de los naturales de España ha sido siempre referida de una manera sorprendente llena de absurdos, plagada, de inverosimilitudes y sobre todo escasa de verdad. El héroe de ella ha sido calumniado, y su mismo cuerpo, despues que bajó al sepulcro no tuvo paz ni sosiego porque habiéndole hecho aparecer en la escena del mundo, los hombres le dieron nuevos vicios; nuevas pasiones; todo porque una tradicion ridicula pretendia hacer creer que valido el marqués en vida suya de ciertos medios, tenia que volver al mundo bajó una nueva forma.

La sensatez y conocimientos de nuestros dias no pueden creer tamaños disparates. La época luminosa que atravesamos rechaza altamente las aberraciones engendradas cinco siglos atrás, y los hombres de aquellos tiempos creyeron la historia del marqués de Villena tal como la refirieron sus contemporáneos; los de hoy rien completamente de tales absurdos.

Sin embargo, como no será dificil que existan algunos preocupados que duden de la existencia fantástica de aquel, queremos referir su historia tal como fue, exenta de preocupaciones, limpia de las manchas con que ha sido afeada. En esto, pues, nos ocuparemos en e1 presente tratado, en el que, á pesar de todo, lleva su objeto moral filosófico y por lo tanto siempre podrá aprovechar á los lectores. Hechas nuestras protestas y salvedades, empezamos.

D. Enrique de Aragon, comunmente de Villena, era un noble señor de los más poderosos y espléndidos de su época. Su cualidad de tio del rey y descendiente por línea recta de D. Jaime de Aragon, le hacian ser mirado. como uno de los caballeros más nobles de la córte de Castilla.

Su padre D. Pedro, que habia casado con doña Juana, hija bastarda de D. Enrique II, y reina despues de Portugal, fue muerto en la batalla de Aljubarreta. Correspondíale de derecho á D. Enrique el marquesado de Villena, de su abuelo D. Alfonso, primer marqués de este título, á quien lo habia dado D. Enrique II. y lo habia cedido á su hijo D. Pedro, reservándose el usufructo para toda su vida. Pero habiendo el rey D. Enrique II, en su menor edad, invitado al marqués á que viniese á ejercer su título de condestable de Castilla que le diera D. Juan I, y habiéndose él negado con frívolos pretextos á la justa exigencia del monarca, se aprovechó esta ocasion de volver á la corona aquellos ricos dominios, que como fronteros de Aragon no se creía prudente que estuviesen en poder de un príncipe de aquel reino. Dióse en compensacion á D. Enrique el señorío de Cangas de Tineo con el título de conde, habiéndole además traído su mujer doña María de Albornoz, por su dote, las villas de Alcocer, Salmeron, Valdeolivas y otras, con todo lo cual podia reputársele por uno de los más ricos señores de Castilla.

D. Enrique de Villena no había pensado en acrecentar sus estados por los medios comunes en aquellos tiempos de conquistas hechas á los moros. Mas cortesano que guerrero y mas ambicioso que cortesano había desdeñado las armas, para las cuales no era su carácter muy á propósito, y su aficion marcada á las letras le había impedido adquirir aquella flexibilidad y pulso que requiriere la vida de la córte. Las lenguas, la poesia, la historia, las ciencias naturales habian ocupado desde muy pequeño su atencion. Habíase entregado también al estudio de las matemáticas de la astronomía y de la poca física y química que entonces se sabia. Una erudicion tan poco comun en aquel siglo en que apenas empezaban á brillar las luces en nuestro suelo debía elevarle sobre el vulgo de los demás caballeros sus contemporáneos; pero fuese, que la multitud ignorante propendiese á achacar á causas sobrenaturales cuanto no estaba á sus alcances, fuese que efectivamente él tratase de prevalerse y abusar va sus raros conocimientos para deslumbrar á los demás el resultado es que corrian acerca de su persona rumores extraños que ora podian en verdad servirle de mucho para sus fines, ora podian tambien peirjudicarle en el concepto de las mas de 1as gentes para quien entonces, como ahora, es siempre una triste recomendacion la de ser un ente extraordinario.

En él se notaba además de su ambicion cierto afecto decidido al bello sexo, y lo que era peor, notábase que nunca se paró en los medios, cuando se trataba de conseguir cualquiera de esos dos fines, que tenían igualmente dividida su alma ardiente y que ocuparon exclusivamente todo el trascurso de su: vida.

Ahora que hemos delineado su carácter, pasaremos á referir demás que cumple para el entero conocimiento de esta, verídica historia en el siguiente capitulo.

CAPITULO II

Descríbense los aposentos de D. Enrique de Villena y su laboratorio.-Recibe en este último un pliego de importancia.- Muerte del Gran-Maestre de Calatrava- Proyectos de D. Enrique para ser elegido.- Quiere divorciarse de su esposa.—Resitencia de ésta.-Hace las paces aparentemente con ella para llevar á cabo otro proyecto.— La roban unos enmascarados.--Encuéntrase solo su manto y velo ensangrentados.

Por los tiempos á que nos referimos el marqués de Villena habitaba una parte del real alcázar y esta parte se hallaban adornada con una profusion y elegancia extremada.

Ricos y costosos tapices, ostentosas alfombras, elegantes muebles, esplendidos almohadones, y otros mil objetos exquisitos se veian en todas las habitaciones y en particular en aquellas que servian de estancia a su esposa doña María de Albornoz.

La cámara de dormir de D. Enrique era también esplendida; pero donde mas sobresalia el caprichoso gusto de éste era en un vasto aposento que hoy llamariamos despacho, pero entonces estaba destinado a otros usos. Este aposento podia llamarse la verdadera rareza del siglo XV.

Figurense nuestros lectores un vastisimo salon bastante oscuro al cual solo entraba la luz del dia por unas ventanas muy altas que además tenian sus vidrios de colores, los que le daban todavía un aspecto más sombrio.

En medio de este salón ó aposento se veia una ancha y pesada mesa, mueble que llamada enteramente la atencion asi que en él se entraba. Encima de ella se notaba varios y luminosos libros que abiertos presentaban varios gruesos caractéres góticos estampados ó dibujados sobre pulidas hojas de pergamino; un reló de arena, un enorme tintero que contenia tinta para muchos tomos en fólio, dos ó tres lunas redondas de Venecia, algun espejo metálico girando sobre su eje, varios instrumentos groseros de matemáticas que el vulgo creia talismanes mágicos, no pocos alambiques y redomas aplicadas á usos químicos, si así pueden llamarse á las confecciones misteriosas de los que en aquella época encanecian buscando la piedra filosofal ó la esencia del oro; crisoles y aparatos sencillos, si bien costosos, de física, eran los objetos que cubrian la mesa. Tambien se veian armas de diferentes formas, una lámpara de cuatro mecheros suspendida del artesonado del techo, y un enorme sillón de baqueta, donde cabian dos personas, completaba el misteriso ajuar del sábio, del anticuario y del alquimista marqués de Villena.

Erase una noche templada y serena D. Enrique acababa de llegar con sus pajes y escuderos de una gran cacería verificada en un soto del Mazanares. El conde, sentado en un sillon, al parecer descansaba de las anteriores fatigas cuando un pajecito negro que tenia y en el cual tenia su mayor confianza, se llegó á entregarle un pliego que acababa de traer para el alcázar un desconocido

El conde le tomó y con expresiva mirada pretendió interrogar al paje, que nada pudo añadirle de cuanto le habia dicho de antemano.

El conde era un hombre de corta estatura; sus ojos, hundidos y pequeños, tenian una expresion particular de autoridad y predominio que avasallaba desde la primera vez á los más de los que con él se hallaban; su voz era hueca y sonora, cualidades que no contribuian poco á aumentar la impresion mágica que en los ánimos débiles ejercia. Su nariz afilada y su boca muy pequeña le daban todo el aire de un honibre sagaz, penetrante, vivo, falso y aun temible. Naturalmente afeminado y dedicado al estudio, faltaba el vigor y la energia de carácter que coronan las empresas aventuradas.

Sin embargo, sus criados y vasallos temian en gran manera, y asi fué que el paje se puso á temblar al ver el siniestro semblante de su amo cuando no pudo darle nuevos pormenores:

- Y bien, le dijo D. Enrique, ¿quién te ha dado ese pliego?

-Ya he dicho a S.S. que el escudero de V.S. Este lo ha recibido de otro que ha llegado a todo escape.

- Bien; márchate ya que nadie me interrumpa.

Don Enrique como si aguardara una noticia adversa, dudaba en abrir el pliego. Parecia que entre el temor y la esperanza existia un obstáculo que no era dable vencer. Determinóse, por fin, y al leer los primeros renglones un rayo de alegría brilló en su semblante.

-¿Con que ha muerto por fin ese pobre viejo Gran-Maestre de Calatrava? Era hora ya. Mis planes y mis deseos van á cumplirse! Bendita sea la fortuna que tan buena se me depara.

Efectivamente, et Gran Maestre de la, órden de Calatrava acababa de morir, como se lo anunciaban á D. Enrique. Hacía tiempo que él esperaba esta nueva á cuyo efecto tenia tomadas todas sus disposiones para que le avisasen tan pronto como se verificase este suceso.

Hacia mucho tiempo que D. Enrique ambicionaba la honorable ser Gran-Maestre de aquella orden entonces de gran valor y estima. No obstante, le quedaban todavia infinitos obstáculos que vencer.

La órden de Calatrava; que era una órden religiosa y militar, poseia, entonces bienes inmensos y contaba con upa multitud de caballeros de lo mas escogido de España pero para pertenecer á ella era necesario hacer voto de castidad, y D. Enrique ya sabemos que era casado. Este era el principal obstáculo que se oponia á sus ambiciosos planes.

De antemano lo tenia, previsto todo, y llegado ya el momento oportuno era necesario obrar. Toda detención le seria perjudicial, pues si bien el solo en aquel momento era sabedor de la noticia dentro de dos dias ó mas tarde lo sabria la corte, y el rey se veria precisado á conferir el título de Gran-Maestre á persona

más á propósito que D. Enrique para semejante cargo. No tenia que titubear, un solo instante.

D. Enrique no amaba á su esposa, y aunque doña María era joven y bien parecida, se puede decir que su esposo la odiaba.

No queria, sin embargo valerse de medios ruines ó peligrosos para apartarla de si y prefería que la cosa se hiciese de una manera mas decorosa.

Su ánimo era divorciarse de su muger haciendo que ella misma presentase la demanda; pero así que puso en práctica su proyecto encontrá en doña María una resistencia desesperada, sin que pudiese adelantar un paso. Doña María le amaba demasiado.

Otro medio tenia dispuesto, y despues de haberlo reflexionado con más detencion en su misterioso aposento, se decidió por fin á ponerlo en práctica al dia siguiente.

La escena del intentado divorcio habia tenido lugar la noche antes, pocos momentos despues de que D. Enrique había recibido el pliego. Doña María como supondrán los lectores, habia quedado desesperada y no sabía qué partido tomar á fin de que su marido no volviese á mentarla agravio semejante.

Ojerosa, llena de pesadumbre y en extremo asustada, se había levantado aquella mañana, y en medio de sus damas se lamentaba de su mala estrella. Cuando menos lo pensaba, apareció D. Enrique en el salón con cara risueña y alegre semblante.

Cuando doña María vió á su esposo de tan distinto temple, renació en su pecho la esperanza. Sin embargo, á pesar de lo mucho que le amaba, á pesar que era el ídolo de sus más tiernas adoraciones, no confiaba del todo en las apariencias de su marido, que podrían hacerse sospechosas, a juzgar por el irascible carácter que tenia habitualmente el conde.

Despues de retiradas las damas; que desde luego vieron que estorbaban D. Enrique la dijo:

-Vengo, querida mia, a pedirte perdon por lo que te dije anoche. Reflexionando mejor, he visto que es un disparate lo que yo solicitaba.

-¿ Conque no me aborreces? le preguntó doña María.

-No por cierto; antes te amo más que nunca y espero que no te acordarás ya de un asunto que ahora mismo me entristece solo el recordarlo.

-Nada tengo que perdonarte, esposo mio; me vuelves tu amor, y esto es lo único que en el mundo me satisface.

Así pasaron en sabrosas pláticas un buen rato, dándose uno á otro las mayores seguridades de ternura y cariño. La confiada esposa nada temia y el astuto marido se esmeraba cada vez más en obsequiarla.

De pronto un ruido extraño y siniestro se dejó oir á la parte de afuera del corredor del aposento donde ambos se encontraban

-¿Que será esto? exclamó doña Maria.

-No puedo adivinarlo, contestó D. Enrique.

En el mismo momento se abre de par en par la puerta, y se presentan en el cuarto seis hombres enmascarados. Venían, al parecer, armados de piés á cabeza y con una especie de túnica cuya capucha cubría su cabeza y rostro á manera de los nazarenos.

Arrojáronse sobre doña María tratando de llevársela El conde intentó, al parecer, defender á su esposa, desenvainando la espada; pero uno de los enmascarados cruzó la suya, y despues de un rudo combate, en el que el conde quedó desarmado, doña María fué tapada con un manto y los raptores la llevaron por la puerta secreta. El marqués daba voces llamando á sus criados, y saliendo por la puerta principal de la cámara, pedia socorro y armas contra los usurpadores de su esposa.

Al ruido acudieron todos los sirvientes y criados. El conde dio órdenes para seguir á los raptores, y á pesar de que estas órdenes se pusieron inmediatamente en planta, volvieron los enviados trayendo consigo solo el manto y velo ensangrentados de doña María.

El conde dió las mayores muestras de dolor; se mesaba los cabellos y gritaba como un desesperado. Sus criados y servidores podian apenas calmar su intenso dolor. Decia á voces que habia perdido lo que más en la tierra amaba.

CAPITULO III

Preséntase D. Enrique al rey pidiendo justicia.- Otorgesela este mandando que se busquen los raptores por toda España.- Un pastor asegura que ha visto el cadáver de una señora llevado por hombres enmascarados.- El médico del rey predice la muerte del Gran-Maestre.- Señala su sucesor en la persona del conde.-El rey le nombra Gran-Maestre de la orden.- Opónesele algunos caballeros de la misma.

Ya la noticia del rapto de doña Maria habia cundido en toda la córte, y cada uno de los cortesanos hacia sobre este suceso mil comentarios. Los que habian visto el dolor, aunque aparente, de D. Enrique, contaban á los demás el disgusto que dicho suceso le habia ocasionado.

El conde entretanto no se descuidaba. Presentóse al rey pidiendo justicia contra tamaño atentado, y el rey se la ofreció amplia y cumplida, dando en seguida órden para que los raptores fuesen perseguidos en todos los ámbitos de España.

Un pastor que D. Enrique llevó á la presencia del monarca, atestiguó que habia visto pasar á unos hombres enmascarados llevando el cadáver de una mujer jóven y hermosa, cuyo cuerpo estaba cosido a puñaladas.

El conde no se descuidó en llevar delante de la córte el manto y el velo encontrados, y todos desde el primero al último se convencieron de que doña María habia dejado de existir, y compadecían sinceramente al conde por tal desgracia.

Los planes de engrandecimiento marchaban viento en popa veremos, no obstante, lo que sucedió más adelante.

No se sabía todavía en la córte la muerte del Gran-Maestre de Calatrava. Unicamente lo sabia el conde, y en esta circunstancia fundaba sus mayores esperanzas.

Ya hemos dicho que el rey D. Enrique III estaba débil y enfermo. Efectivamente, acompañábale de contínuo su médico Abenzarzal. Este médico que era un judío muy sábio en el arte de Esculapio, fué el principal agente de los planes del conde. Este supo ganarle con una buena suma de dinero, y el avaro judio no titubeó en entrar de lleno en dichos planes.

El médico se preciabbaa de astrólogo, y sus profecias tenian mucho valimento con el rey y con los demás señores de la corte.

La misma noche del dia en que Villena se habia presentado al monarca pidiendo justicia contra los asesinos de su esposa, Abenzarzal estaba contemplando el cielo desde una ventana de la cámara del rey, pero con tanta atencion y con semblante tan demudado, que el monarca se vió precisado á preguntarle la causa de una atencion tan extraordinaria -- ¡Ah! señor le contestó el embustero judío; si los astros no mienten, dentro de corto rato, podré anunciaros grandes novedades.

-¿Y que es lo que te dicen los astros'? lo replicó el rey .

-Los astros, señor, nos señalan en este momento una terrible desgracia.- ¡Como! ¿qué quieres decir?

-Por la parte del Mediodía, hácia Calatrava, veo una estrella cuyo signo me espanta. Dejad que se despeje la nube que por un momento la empaña y podré ser más explícito.

- ¿Por la parte de Calatrava'? el Gran-Maestre acaso ...

-El Gran-Maestre, señor, ha muerto: así me lo señala la estrella que ya veo enteramente despejada.

-¡Gran desgracia¡.

-Pero callad hácia el Levante veo levantarse, otra rutilante estrella. Viene de la parte de Aragon. ¡Ah! Trae consigo el emblema de una noble casa. Un pariente de V. A., un hombre digno en todos conceptos de la suerte que le aguarda.

-Explicate no comprendo.

-La estrella indica las armas del conde de Cangas y Tineo; sin duda el Ser Supremo le tiene destinado para empresas muy altas.

- Ya comprendo. La muerte de doña Maria, por un acaso de la Providencia. El fallecimiento del buen anciano Guzman; todo se declara en favor del conde. D. Enrique será Gran-Maestre de Calatrava ..

Al siguiente dia divulgóse en Madrid la muerte del Gran-Maestre, divulgándose tambien las predicciones del astrólogo; y el rey, tímido y supersticioso, no titubeó en conceder el Maestrazgo de Calatrava á su deudo y pariente D. Enrique, conde de Cangas y Tineo.

Los caballeros de la órden celebraron un capitulo extraordinario. Algunos de ellos se opusieron á la elevacion del conde; otros por el contrario, y estos eran los mas aduladores, se hicieron de su partido celebrando con gran entusiasmo la elevacion, del nuevo Gran-Maestre.

El conde dió las oportunas órdenes para tomar posesion de su nuevo cargo, pero los disidentes enviaron gentes á las diversas encomiendas de la orden, á fin de que se opusieron á entregarlas á los secretarios de D. Enrique.

CAPITULO IV

Lugar donde fué conducida doña Maria de Albornoz.-Es acusado el conde de su muerte.-No existiendo prueba de la acusacion, se apela al Juicio de Dios.- Cómo se verifica este juicio.- Prepárase este.- La condesan no habia muerto.- Se propone salvarla un montero de su casa.-Lo consigue ayudado de su perro y otro compañero.- Sácanla del calabozo y la llevan á Arjonilla.- Escribe la condesa al rey.-

Como los caballeros de Calatrava no se habían descuidado en hacer la contra á D. Enrique; este se valió de todo el influjo y favor que gozaba en la corte, con lo que logró sus intentos y quedó elegido Gran-Maestre de la órden de Caltarava.

Entretanto, vamos á ver qué le aconteció á doña Maria de Albornoz, tan inicuamente robada por órden de su esposo don Enrique de Villena.

Despues del rapto fué conducida á uno de los castillos del conde, y allí encerrada en una lóbrega y húmeda mazmorra como un criminal que ha cometido los mayores delitos. Guardada por uno de los satélites del conde, habia desaparecido para el mundo, y este la creia muerta como ya tenemos referido.

Sin embargo, una de las damas de esta señora había sospechado la trama, y creyéndola viva todavía se presentó al rey en un día de solemne audiencia, acusando á Villena, como autor del rapto de su esposa.

El rey pidió las pruebas de su acusacion, pero como la dama no pudo darlas, é insistiese en su demanda, fué preciso apelar al juicio de Dios, que nunca deja impune los delitos.

En aquellos tiempos semibárbaros, el juicio llamado juicio de Dios, era un medio muy usado y muy sencillo para hacer justicia á las partes.

Generalmente le usaban las damas en sus cuitas, y esta prueba consistia en lo siguiente:

La persona acusadora si era mujer, elegia un campeon que debia batirse con el acusado en combate de muerte. Si el acusado salia vencedor; la acusacion se reputaba como calumniosa y el acusador era decapitado. Si al contrario, el caballero que entraba en el palenque en favor del acusador vencia, ó siendo él mismo acusador cuando la querella era propia se probaba completamente la acusacion y á su vez debia morir el acusado. La parte acusadora, siendo mujer, presenciaba el combate, y al pié del cadalso esperaba su sentencia. La córte entera, con el monarca á la cabeza presenciaba tambien hasta la conclusion de aquel acto, que generalmente se declaraba en favor del más valiente, más fuerte ó más astuto.

Todo estaba, pues, preparado para el que debia tener lugar en Tordesillas, donde entonces se habia trasladado la córte La dama acusadora habia nombrado á su caballero, y D. Enrique de Villena, que como ya hemos dicho, no era de los que se distinguían en el ejercicio de las armas, habia hecho la gracia de que se batiese en su nombre uno de los escuderos, que era un hijo-dalgo de aquellos tiempos, y á quien oportunamente habia calzado la espuela de oro y nombrado caballero, sin cuyo requisito no habría podido entrar en el combate con su antagonista, que lo era muy esclarecido.

Mientras estas cosas pasaban, la condesa gemia en su calabozo sin esperanzas de librarse de sus pesados hierros; pero la mano del Altísimo iba á obrar una especie de milagro en favor de esta desdichada señora como van á ver los lectores.

En la casa de D. Enrique de Villena habia un montero muy querido de la señora por sus buenas prendas y circunstancias. Este hombre, que tambien la profesaba mucho cariño, llegó a sospechar que la muerte de la condesa fuese fingida, y calculó que lo único que podia haberla sucedido era el tenerla encerrada en uno de los castillos de su amo.

El montero tenia un perro muy fiel y de excelente casta llamado Bravonel. Tan pronto como la condesa habia desaparecido del palacio, el montero se puso en marcha acompañado de su perro, y siguiendo el rastro de los raptores, pronto pudo cerciorarse de que sus sospechas no eran infundadas.

Mas ¿cómo hacer para introducirse en el castillo sin ser conocido ni conseguir por medio de la fuerza lo que solo podia verificarse por la astucia?

El montero no desmayó, y disfrazándose de fraile Franciscano, en unión de otro compañero y amigo, también montero, á quien hizo sabedor de su arriesgada empresa, se introdujeron una noche en el castillo pidiendo hospitalidad.

Dio la casualidad que llovia á mares, y presentándose los frailes demasiadamente mojados, los guardias los dejaron entrar y los guardianes de la condesa no tuvieron la menor sospecha.

Antes bien convidaron á cenar á los dos buenos religiosos, quieres aceptaron de mil amores. Durante la cena los guardianes echaron buenos tragos, y como los fingidos frailes les animaban todo lo que podian, muy pronto aquellos estuvieron en estado de no conocer lo que pasaba en su alrededor.

El montero y su amigo eran valientes, tenían además un buen auxiliar en su fiel Bravonel, y así fue que tan pronto como vieron borrachos á los dos agentes del conde, se echaron sobre ellos, y poniéndoles una mordaza les dejaron en estado de no poder defenderse. Hiciéronse con todas las llaves que pudieron haber á las manos, y se dirigieron á distintos calabozos del castillo, creyendo de seguro hallar en alguno de ellos la persona que buscaban. Antes de esta tuvieron que valerse de mil astucias para no dar con los centinelas apostados en los corredores; pero sorprendiendo á unos y matando á otros, auxiliados del perro, llegaron por fin delante de una maciza y ferrada puerta, de cuyo dintel no quiso pasar más adelante el perro.

Con el auxilio de las llaves que tenian consigo la abrieron, y el más lastimoso espectáculo se presentó á su vista.

Una mujer pálida, jóven todavia, pero precedida á un cadáver, yacía en una estera en el rincon del calabozo. De sus labios salían ayes lastimeros y quejumbrosos lamentos. Esta mujer, tan pronto como vió á los frailes, creyó ser llegada su última hora, pensando que eran enviados allí para asistirla en su último trance.

Mas estos la disuadieron de su error, diciéndola que iban, al contrario, á salvarla.

Tal estaba la condesa en aquellos momentos, que ni siquiera habia conocido á su fiel montero.

Por últimos despues de repuesta del susto y tomadas las debidas precauciones, Ja llevaron de allí saliendo por una poterna del castillo sin ser notados de nadie. Tan pronto como la condesa respiró el aire del campo, bien distinto al de su fétido calabozo, principio á volver en su acuerdo, y bendiciendo la mano que asi a salvaba, pudo llegar con sus favores hasta la posada del vecino pueblo de Arjonilla.

Desde allí escribió al rey dándole parte de todo lo que había sucedido y acusando á su marido como autor del rapto.

CAPITULO IV

Tiene lugar el juicio de Dios.- Se empieza el combate.- Llega durante la lucha un hombre portador de pliegos interesantes.-Es derribado el campeon de la dama de la condesa.- El Justicia mayor declara que la condesa vive y que el juicio no puede decidir nada

-Huye el conde y se hace fuerte en su castillo.- Es atacado y vencido por las tropas del rey.

Sucedia el combate por medio del juicio de Dios, de que ya hemos hablado en el capítulo anterior, en los mismos momentos en que tenía lugar lo que acabamos de escribir.

Hacía rato que los dos combatientes, ambos decididos y valientes, luchaban con extremado furor á fin de derribarse mutuamente. Pocas eran las ventajas que obtenían recíprocamente, pues si uno acertaba al otro una buena lanzada, el contrario paraba el golpe con destreza é inutilizaba la dirección. Rotas las lanzas apelaron á las espadas, y desde luego se vieron serios y terribles mandobles, cada uno de los cuales amenzaban una vida tal vez demasiado preciosa para la patria.

El pueblo, que habia acudido en tropel al espectáculo, miraba ansioso una lucha que era muy de su gusto. La córte entera celebraba la habilidad y firmeza de los dos combatientes sin decidirse por uno ó por otro. La afligida dama que se hallaba al pié del cadalso hacia votos al cielo porque la verdad triunfase, y á veces llegó á triunfar de la misma Providencia.

Asi las cosas, un hombre jadeando llegó al lugar del palenque, y como dijo ser portador de papeles importantes, los heraldos y reyes de armas le dejaron entrar; y puso en manos del Justicia mayor los pliegos que llevaba, y éste los presentó al rey sin demora.

En aquellos instantes la suerte del combate se habia decidido. El caballero favorecedor de la acusadora había derribado el yelmo de su contrario, y su espada dirigida con fuerza iba tal vez á cortarle la garganta; pero el caballero que peleaba por don Enrique, desviándose apresuradamente, hizo perder el equilibrio á su contrario.

Al mismo tiempo presentó la punta de su arma al pecho del caballero defensor de la dama, y este con el empuje se pasó de parte á parte, cayendo en la arena sin aliento y casi exánime.

-¡Victoria, victoria! exclamó el pueblo. ¡El juicio de Dios, el

juicio de Dios! Don Enrique ha triunfado.

Entonces, alzado en pié el Justicia mayor, dijo: "El combate nada puede probar ni decidir; la condesa doña María de Albornoz vive, y D. Enrique de Villena es, sin embargo, culpado de felonia, si no es de su muerte."

-Todo se ha perdido, exclamó D. Enrique; y desalentado huyó de allí sin saber lo que por él pasaba.

Suspendióse inmediatamente el acto. La dama, despues de recibir los plácemes de todos, volvió al palacio de su señora; el mal herido caballero fué transportado al suyo, y en muchos días no se habló en la corte de otra cosa que de tan peregrino lance.

El rey mismo quiso ver a la dama que de esta manera se habia portado, haciéndola un sin fin de mercedes y gracias.

El conde D. Enrique, tan pronto como salió del palenque, habia montado á caballo, y seguido de los suyos, marchó al castillo donde antes habia tenido encerrada á su esposa.

En él estuvo guarecido mucho tiempo resistiéndose á las órdones de su soberano, que le mandaba lo entregase, lo que no se pudo conseguir sino por la fuerza y pasados algunos dias. El monarca habia enviado tropas, quienes habiendo atacado la fortaleza por todos sus flancos, consiguieron, despues de mucha pérdida apoderarse de ella, destruyendo asi todos los planes del conde.

Su ambición lo habia perdido. Su ambicion le habia llevado á un extremo funesto, y su última rebeldía podia costarle muy cara,

EPILOGO

Don Enrique, conde de Villena, fue llevado ante el rey pasado algun tiempo, y aunque imprudentemente quiso hacerse dar importancia para conservar, aun despues de lo ocurrido su Mestrazgo, solo contribuyó á dar á todos una idea, más clara de su baja ambicion. Los ruegos, sin embargo, de la generosa condesa, que se retiró á sus estados á llorar su desdichada boda salvaron la vida a conde, quien desde entonces vivió en retiro filosófico, entregarlo á las letras, para las cuales habia nacido más bien que para las armas ó la córte. Es cosa sabida que despues de su muerte quedó hecho trozos y fue metido en una redoma por haber sido acusado de hechicero durante su vida

FIN[1].

[1]Para la presente edición hemos trabajado con las ediciones digitalizadas disponibles en el CSIC y de Internet Archive. Se ha transcrito el texto íntegro sin modificación de la puntación o de la ortografía, que aparece en la edición del CSIC s.e.o.u.

Queremos seguir contando historias... y tú puedes ayudar a escribir la próxima página

Apoya la revista **CONTRACUBIERTA** a través de nuestra campaña en **Verkami** y ayúdanos a seguir publicando historias, ensayos e ilustraciones únicas.

Con tu colaboración, aseguramos el futuro de este proyecto cultural independiente.

☒ **Recibe la revista en casa**

☒ **Acceso a contenido exclusivo**

☒ **Forma parte de nuestra comunidad literaria**

HAZ TU APORTACIÓN EN VERKAMI Y ÚNETE A LA COMUNIDAD DE CONTRACUBIERTA

La Habitación OSCURA

Reanimando a Herbert West

Un recorrido por la larga vida del "peor" cuento de H. P. Lovecraft

POR JESÚS PALACIOS
ILUSTRACIÓN DIVERGENTE[84]

Si, como le gustara afirmar a Virginia Woolf en su *Orlando*, la letra "s" es la serpiente escondida en el edén del alfabeto, la letra "r" es, sin duda alguna, la letra del miedo. La "r" se multiplica en los términos que definen, acotan y exploran los territorios del miedo: truculento, macabro, grotesco, pavoroso, terrible y, por supuesto, terrorífico y horroroso, con su combinación mortal de necesidad de sonidos de "r" fuerte y "r" simple, que suscitan el escalofrío más profundo en nosotros.

Incluso en inglés, nos encontramos con prácticamente las mismas palabras asustantes y de pronunciación muy similar, además de otras afines como gore o splatter, donde la "r" también cumple su papel coadyuvante al espanto. No sé si tiene o no sentido, pero el relato de H. P. Lovecraft con más erres que puedo recordar es *Herbert West, Reanimador*, que también posiblemente sea, a su vez, su más granguiñolesco, sangriento y excesivo cuento. Tanto que, por supuesto, rara vez ha sido del gusto de ninguno de sus admiradores y exegetas, como el siempre un poco pedante S. T. Joshi, quien lo considera no sólo uno de sus peores relatos sino el peor de todos, cosa que, al parecer, el propio Lovecraft pensaba también.

En efecto, años después de publicarse, el Solitario de Providence renegaba de aquella creación juvenil, que había sido escrita por encargo y asumiendo, cosa rara en su obra, formato de novela por entregas al estilo más *pulp*. Escrito entre octubre de 1921 y junio del año siguiente, *Herbert West, Reanimador*, vería la luz de febrero a julio de 1922 en una publicación prácticamente de aficionados, el magazine *Home Brew*, en seis episodios, por cada uno de los cuales su autor cobró la suma de cinco dólares, que la verdad no sé si en aquella época era poco o mucho. Pero al menos cobró, que ya es algo.

Cada una de las seis entregas de las macabras hazañas médicas de Herbert West terminaba con un *clifhanger*, es decir, en un momento álgido de horror y suspense que dejaba la historia colgando de un hilo, comenzando la siguiente aventura con un breve resumen de las anteriores, en la más genuina tradición del serial no sólo literario, sino también cinematográfico. Salvando las distancias que su extrema truculencia hubiera impuesto, no es difícil imaginar a Herbert West como protagonista, de hecho, de algún serial mudo en blanco y negro, al estilo de los que inspiraran personajes como Fantomas o Fu Manchú, resucitando muertos a cual más grotesco y peligroso de episodio en episodio, perseguido quizá por algún héroe inventado para la ocasión y escapando siempre en el último momento, con ayuda de su apocado y fascinado cómplice, para volver a sembrar el pánico y la resurrección en la siguiente entrega. Ya está tardando la *HPL Historical Society* en llevar esta idea a las pantallas en el siglo XXI, cuando lo más moderno es resucitar el *corpus* del cine clásico, como resucitaba West a sus cadáveres (y general-

Tanto que, por supuesto, rara vez ha sido del gusto de ninguno de sus admiradores y exegetas, como el siempre un poco pedante S. T. Joshi, quien lo considera no sólo uno de sus peores relatos sino el peor de todos, cosa que, al parecer, el propio Lovecraft pensaba también.

mente con el mismo resultado, véase el reciente *Nosferatu* de Eggers).

En cualquier caso, Lovecraft nunca quiso saber nada más de aquellas páginas excesivas llenas de sangre, zombis y experimentos blasfemos, que tan poco tenían que ver con las inquietudes cósmicas, metafísicas y nihilistas que iba a desarrollar después en el grueso de su obra, con la creación de los Mitos de Cthulhu, o menos aún con los tintes melancólicos, fantásticos y simbolistas de su periodo onírico, tan influido por Dunsany, pese a que, todo hay que decirlo, en ellas es donde por vez primera aparece la mítica Universidad de Miskatonic.

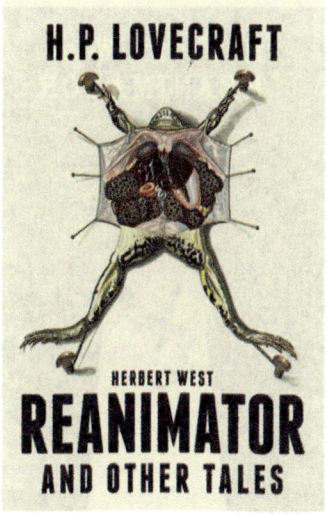

Producto de la necesidad, *Herbert West, Reanimador* fue para su autor un mero entretenimiento alimenticio, donde lo que pretendió fue parodiar el *Frankenstein* de Mary Shelley, llevando sus especulaciones sobre la vida, la muerte, la inmortalidad y la resurrección a sus últimas y más delirantes consecuencias, exacerbando el carácter obsesivo y maníaco del personaje del científico loco. Y —en mi poca o nada humilde opinión—, lo consiguió, vaya si lo consiguió. Tanto es así que, quizá por su falta de pretensiones, su estilo hiperbólico y periclitado, sus excesos melodramáticos y sus sorprendentes dosis de truculencia, violencia y gráficas descripciones de horror físico y visceral, las historias del Dr. West se independizaron casi por completo de la voluntad del autor, para resucitar en

1985 de forma gloriosa, gracias al genio e ingenio cinematográfico de Stuart Gordon y sus cómplices Brian Yuzna y Dennis Paoli, cuando se convirtieran en base de Re-Animator, uno de los grandes éxitos de la comedia de horror *splatter* del cine moderno.

Desde que fuera reimpresa a partir de 1942 por *Weird Tales*, es decir, una vez ya fallecido su autor, nadie había prestado demasiada atención a aquella obra menor de Lovecraft, salvo, quizás, para denostarla como ejemplo de lo peor de su escritura y estilo. Afortunadamente, un grupo de cineastas independientes enamorados del *pulp*, el *Grand Guignol* y el espíritu más burlesco del terror desquiciado, sí percibió algo que los enamorados incondicionales del Maestro de Providence aparentemente no habían sabido entender: que *Herbert West, Reanimador* era una deliciosa pieza de puro humor negro, parodia posmodernista *avant la lettre*, cuyo tono desabrido, gráficas descripciones de mutilaciones, cadáveres en estado lamentable, locura zombi y vengativas criaturas sin cabeza, se adelantaba a la generación del terror cinematográfico moderno y el *body horror*, que había comenzado a prosperar desde los años 60 en las pantallas estadounidenses, gracias a personajes de tan distinto pelaje como Herschell Gordon Lewis o George A. Romero.

Al reducir *Frankenstein* a sus rasgos esenciales, exagerando hasta la parodia la búsqueda obsesiva de la inmortalidad y la resurrección de la carne representada por el propio Herbert West, convirtiendo en narrador a un personaje apocado y manipulable, que ejerce a la vez como ayudante y cómplice absolutamente entregado —a su pesar— a la causa resurreccionista, y, más aún, al presentar a las criaturas producto de sus impíos experimentos como una legión de violentos cadáveres vengativos, zombis caníbales sin alma impulsados por alguna oscura voluntad de retribución, pero cuyo aspecto resulta al tiempo cómico y repulsivo, Lovecraft estaba sembrando las semillas del tremebundo terror gráfico de los tebeos E. C. de los años cincuenta, así como trazando las líneas maestras del *splatterpunk* y, más aún, del *splattstick* (la comedia física de horror sangriento de los años ochenta y noventa). Burlándose abiertamente de las normas del género al tiempo que poniendo al lector en la tesitura de aceptar un grado de delirio truculento, absurdo y sangriento superior, incluso, a la media habitual en las páginas de los *pulps*, raramente alcanzado, si acaso, por los *weird menace* o *shudder pulps* de los años treinta.

Herbert West, reanimador, cumplió perfectamente su objetivo, constituyendo un divertido, insano y preclaro ejemplo de humor negro exacerbado, *splatter* aventajado y zombis producto de la más loca y amoral *hubris* científica, preludio de un siglo en el que los médicos de la muerte de la Alemania nazi, los perros con dos cabezas de Vladimir Demikhov, la Unidad 731 del ejército imperial japonés o el proyecto MKUltra de la CIA, iban a dejar los experimentos del bueno de Herbert si no a la altura del betún, sí como tan sólo un mero ejemplo ficticio de la noble búsqueda científica del conocimiento y el bienestar humanos, casi, casi superado por la realidad: mientras West inyectaba a sus cadáveres nunca suficientemente frescos su elixir reanimador, en la misma década de los veinte, el biólogo soviético Ilya Ivanovich Ivanov inseminaba chimpancés hembras

con esperma humano y a la inversa, decidido a conseguir un híbrido de ambas especies, cuesta un poco adivinar por qué. Pero tranquilos: la Covid19 fue una gripe natural como la vida misma, ¿a quién se le puede ocurrir pensar lo contrario?

Por supuesto, cuando *Re-Animator* llegó a las pantallas los fans más acérrimos de Lovecraft no sólo se sintieron decepcionados, sino que pusieron el grito en Innsmouth. Para una vez que el cine moderno —dejemos a otros la labor de glosar los anteriores y más o menos fallidos intentos de adaptar sus obras a la pantalla— ponía los ojos en HPL, lo hacía para utilizar uno de sus cuentos menos representativos, ajeno casi por completo a la mitología que le es característica y consustancial, incidiendo por el contrario en toda suerte de melodramáticos tópicos granguiñolescos que Gordon, Yuzna, Paoli y su productor, Charles Band, convertían a su vez en un festín de sangre y vísceras, efectos especiales groseros y escenas sicalípticas, esperpénticas y violentamente divertidas, que sólo podían hacer las delicias de los amantes del cine de sangre y tripas. Ese *gore* que en aquel entonces era todavía marginado y considerado anatema por la mayor parte no sólo de cinéfilos, críticos y espectadores del *mainstream*, sino incluso por los más serios y estirados aficionados al género fantástico y de terror, siempre preocupados por dignificarlo, "elevarlo" y alejarlo de sus raíces populares en la *pulp fiction*, el Teatro del Gran Guiñol, el folletín y los cómics.

Pero ya no había nada que hacer: *Re-Animator* se convirtió en un éxito inmediato, alabado por críticos generalmente tan renuentes como Roger Ebert o Pauline Kael, que no sólo pasó con éxito por festivales especializados, estrenándose en salas comerciales de todo el mundo, sino que poco después se transformaría también en uno de los grandes títulos del boom del vídeoclub, formando a varias generaciones de futuros fans y creadores a través del VHS de alquiler.

No era para menos. Es cierto que Re-Animator no aborda el universo lovecraftiano de mitos y ritos arcanos, horrores cósmicos y angst existencial, pero por otro lado es absolutamente fiel al espíritu y buena parte de la letra del relato original protagonizado por Herbert West. Si bien en la que habría de ser primera entrega de una franquicia continuada por otros dos títulos nada despreciables —*La novia de Re-Animator* (*Bride of Re-Animator*. Brian Yuzna, 1989) y *Beyond Re-Animator* (2003), ambos dirigidos por Brian Yuzna y rodado el segundo en coproducción con España y con la complicidad de actores como Simón Andreu o una inolvidable Elsa Pataky—, la acción se sitúa sólo en el ámbito universitario,

varios de los episodios y personajes del relato se conservan con notable fidelidad, añadiendo por otro lado las muy necesarias dosis de erotismo que no deberían faltar nunca en una obra del género, y que en Lovecraft están siempre soterradas por su peculiar puritanismo asexual que, no obstante, todos estamos bien dispuestos a reinterpretar en mucho más perversos términos.

Pero quizá el mayor logro del filme de Stuart Gordon, que durante un tiempo ostentó el récord Guinness de cantidad de sangre falsa utilizada en una película, estribe en su pluscuamperfecta recreación de los personajes principales. Si Bruce Abbott es ideal como el ayudante del protagonista, anónimo en el cuento y aquí bautizado como Dan Cain, sirviendo como contrapunto cómico y romántico de éste, Jeffrey Combs, encarnando al Dr. West, iba a convertirse indiscutiblemente en uno de los grandes iconos del género de fantaterror moderno.

Dejando de lado que Lovecraft describe al West literario como rubio, Combs personifica el carisma y carácter obsesivos y obsesionados de su personaje como nadie hubiera podido hacerlo. Su inteligente rostro pequeño e insectil, de frente despejada y gesto siempre decidido y adusto, que no sombrío, capaz de pasar repentinamente de una expresión de pasión intelectual desmedida y casi sensual a un gélido y amoral sarcasmo ante la naturaleza prescindible de las víctimas de sus experimentos (o sea: los seres humanos); sus gafas de montura metálica, sus pulcras batas, camisas y corbatas; su mano empuñando una jeringuilla de tamaño imponente habitualmente rellena del fatídico líquido verde fluorescente, nuevo elixir de la vida que promete algo peor que la muerte, todo ello utilizado ingeniosamente no sólo en numerosos planos y encuadres de la película, sino en los carteles del filme y sus continuaciones, hacen de Jeffrey Combs/Herbert West uno de los iconos fundamentales y fundacionales del género de los ochenta, comparable a Freddy con sus garras metálicas, a Jason con su máscara de béisbol o a Michael Myers con su blanca careta de Halloween.

Eso sí: con la interesante diferencia de mostrar su rostro abiertamente, sin ocultarlo tras máscaras o deformidades extremas, haciendo alarde de una naturaleza humana e inhumana al tiempo, que participa de la *hubris* mesiánica de todo *mad doctor* que se precie de serlo, a la vez que de cierto aire de burocrática eficiencia médica y ministerial, que no puede sino evocarnos a los médicos de la muerte nazis, funcionarios de una ciencia criminal al servicio de la ciencia misma, por encima del bien y del mal.

Aunque cada vez más alejadas del cuento original, las secuelas ya citadas, *La novia de Re-Animator* y *Beyond Re-Animator* siguen utilizando algunos de los elementos presentes en éste, amén de conservar el mismo espíritu grotesco, delirante y gráfico tanto del relato como del primer filme, pero sobre todo se aprovechan también de ese Herbert West icónico y arquetípico, carente de cualquiera de las virtudes o debilidades que humanizan al propio Dr. Frankenstein y a la mayoría de sus sucesores. En efecto, West no retrocede ante nada ni nadie, no se enamora ni siente en momento alguno el más leve asomo de culpa, remordimiento o pena por sus desafortunadas creaciones, cada una más monstruosa que la anterior y condenadas todas, en el mejor de los casos, al sufrimiento, el dolor y la extinción.

West no retrocede ante nada ni nadie, no se enamora ni siente en momento alguno el más leve asomo de culpa, remordimiento o pena por sus desafortunadas creaciones

Lovecraft atisbó perfectamente en su cuento el efecto oscuramente cómico de llevar esa hubris propia de los nuevos prometeos hasta alturas tan exageradas que resultaran absurdas e inhumanas, mientras Gordon y Yuzna, apoyados por la presencia física de Jeffrey Combs, supieron sacar a estos elementos el mayor partido. No es de extrañar, pues, que aparte del cuento original con los seis episodios que lo conforman, así como de la trilogía cinematográfica que tiene en Brian Yuzna su principal sostén y engrudo, el Dr. Herbert West esté viviendo una existencia alegremente multimedia e inmortal, a través de numerosas adaptaciones a otras disciplinas y campos estéticos, como villano invitado en incontables series de cómic, novelas y relatos. Algo que Lovecraft, siempre avergonzado por haber escrito y firmado estas historias groseras y poco elaboradas literariamente, no habría podido —ni posiblemente querido— imaginar.

Pasado el primer bochorno y su rabieta propia de aficionados gafapasta sin sentido del humor, ahora que los años ochenta han sido reificados como el último momento de brillo y esplendor del cine de género moderno, son los propios fans de Lovecraft o, al menos, muchos de ellos, quienes disfrutan explorando y explotando las hazañas de Herbert West en relación al resto del universo *lovecraftiano* y de otros escenarios familiares o novedosos.

Buen ejemplo de ello, sin pretender ni mucho menos ser exhaustivos, son tanto la secuela escrita por Robert Price para el número 64 de *Crypt of Cthulhu*, publicada en forma de serial en 1989 como *Herbert West, Reanimated*, como la trilogía de novelas de Audrey Driscoll, iniciada con *The Friendship of Mortals* (2010), que narra los acontecimientos del cuento poniendo sin embargo el principal foco de atención en la relación entre West y su ayudante, aquí bautizado como Charles Milburn, que siempre dio lugar a ciertas especulaciones homoeróticas, dado el poco o ningún interés de West por el sexo femenino y la entrega incondicional a la causa de su amigo y colaborador, por mucho que le repugne. Esta morbosa amistad quedaba algo matizada en los filmes por la relación de Dan Cain con una infeliz novia (esplendorosa Barbara Crampton) que, sin embargo, no conseguía apartarle de su obsesión por West y sus experimentos, con nefandos resultados.

En cierto modo, hoy conviven dos Herbert West en la cultura pop: por un lado, el creado literariamente por Lovecraft, que sigue dando lugar a novelas, relatos, cómics y adaptaciones cinematográficas, y por otro, el encarnado en la pantalla por Jeffrey Combs, que a su vez participa, por ejemplo, en la serie de cómic *Hack/Slash* (2004-2015) durante varios números de la misma, donde se siguen los acontecimientos posteriores a *Beyond Re-Animator*.

Aparte de sus apariciones en videojuegos, juegos de rol, novelas visuales interactivas estilo *manga*, seriales radiofónicos retro, como el producido por la inefable *HPL Historical Society* o audio libros como el grabado en 1999 por el propio Jeffrey Combs, donde pone voz al cuento original de Lovecraft, también el cine ha vuelto a interesarse por el personaje en varias ocasiones. El cineasta neoyorquino independiente, experimental y transgénero Dylan Greenberg, habitualmente asociado a la productora Troma y autor de locuras *underground* como *Dark Prism* (2015), rinde homenaje a la película de Gordon en *Re-Agitator: Revenge of the Parody* (2017). Por su parte, el también cineasta independiente italiano enamorado de Lovecraft, Ivan Zuccon, rodaría el mismo año 2017 su propia versión de la historia, *Herbert West: Re-Animator*, en esta ocasión mucho más alejada del espíritu *pulp*, paródico y esperpéntico del cuento, al que insufla cierto romanticismo trágico que no evita, por otro lado, la efusión de sangre y vísceras tan querida por su director, por no hablar de su reaparición con apellido a la escandinava como Herbert Vest, en el *lovecraftiano* filme de terror sueco *Kammaren* (2007). Nuestro entrañable personaje hace también un breve, pero simpático cameo en la escena postcréditos de la nada despreciable *Castle Freak* (2020), pastiche lovecraftiano dirigido por Tate Steinsiek, que recrea el filme del mismo título de 1995, dirigido por Stuart Gordon, llevándolo al terreno de los Mitos de Cthulhu sin pudor.

Precisamente *Full Moon*, productora original de la saga *Re-Animator* y también de su digamos que secuela no oficial, la excelente *Re-Sonator* (*From Beyond*, 1986), basada en el relato *Del más allá* de HPL, donde Jeffrey Combs repetía papel de carismático investigador obsesionado (o sea: científico loco), fundiría ambas historias en una *webserie* dirigida, escrita y producida por William Butler, bajo el título genérico de *The Resonator*: seis episodios emitidos de 2021 a 2023, reunidos después en un solo filme de casi tres horas, rebautizado como *Curse of the Re-Animator* (2022). Toda una revisión en clave *teenager* de las películas de Stuart Gordon que no carece de gracia.

Re-Animator, película y relato, así como su protagonista, el sociopático Herbert West, más próximo al Dr. Frankenstein interpretado por Peter Cushing en los filmes de la Hammer que al pretencioso y cursi científico original de Mary Shelley, forman parte indeleble de la cultura pop del siglo XX y XXI, y gozan de estupenda salud, mucho mejor que la de sus pacientes. En el cómic, West se ha enfrentado ni más ni menos que al protagonista de la saga de *Evil Dead*, Ash, en la serie de cuatro números de *Dynamite Army of Darkness vs. Re-Animator* (2005), que reúne dos de los grandes hitos de la comedia *splatter* ochentera. Más recientemente, el dibujante chileno Rodrigo López y el guionista argentino Luciano Saracino, con *Herbert West: carne fresca* (Dolmen, 2021) lejos de realizar una adaptación más o menos literal o pedestre del cuento original, reimaginan los relatos con la frescura prometida por el propio título.

En efecto, aunque el guion de Luciano Saracino sigue con notable fidelidad los sucesos principales relatados en cada uno de los seis episodios primigenios, añade, separa o refina sutilmente sus elementos constitutivos, sorprendiendo así tanto al conocedor de la obra como a quien no haya disfrutado nunca de su lectura. Respetando el espíritu burlón, el humor negro y la ironía del texto lovecraftiano, introduce pinceladas de erotismo rijoso, profundiza en la amoral filosofía supremacista del personaje, retoca y altera leve pero agudamente los matices y tonalidades de la partitura original, interpretándola con la personalidad del solista virtuoso que hace suya la música del compositor, ofreciendo no sólo una reproducción perfecta de su modelo sino, más allá y más acá, unas variaciones propias e imaginativas, capaces de reanimar la letra muerta con sonoridades nuevas, frescas e inéditas. El éxito de la operación se debe también, naturalmente, a la intervención quirúrgica llevada a cabo por el dibujante Rodrigo López, con su escalpelo particular, que pone en imágenes el mundo gótico de Herbert West con sesgo caricaturesco sin excesos, con ecos victorianos de un George Cruishank o del trazo libre y suelto de Daumier, *aggiornados* con el toque de un Gahan Wilson o, sobre todo, del genial Edward Gorey.

Como no podía ser de otra manera, West y sus resucitados han pasado a formar parte del universo de los Mitos de Cthulhu a través de series de cómic, *anime* e incluso del irresistible musical paródico *A Shoggoth on the Roof* (2005) creado por la *HPL Historical Society*. Un destino que, sin duda, jamás se le hubiera pasado a Lovecraft por la cabeza. No entra fuera de lo posible que con el tiempo y un bizcocho veamos a Herbert West enfrentarse a Sherlock Holmes, al Dr. Moreau, a Batman —creo que todo esto, de hecho, ya ha pasado...—, al Dr. Extraño o incluso a Aleister Crowley y Jack el Destripador. Al fin y al cabo, ahí está el *Providence* (2015-2017) de Alan Moore.

Algo que a mí, personalmente, que he leído el cuento unas seis veces — tampoco son tantas—, que lo incluí inevitablemente en mi antología *TerrorVisión: relatos que inspiraron el cine de terror moderno* (Valdemar, 2018) y siempre me ha parecido una joya de la mejor y la peor literatura *pulp*, casi siempre una y la misma, me resulta sencillamente cautivante como demostración de que Lovecraft era mucho más divertido y humano de lo que a veces el mito creado a su alrededor quiere hacernos creer.

Una prueba irrefutable de que en ocasiones la necesidad, la casualidad y la precariedad literaria y estética, moral y económica que propiciaron la Era Dorada del *pulp*, como la de la *exploitation* cinematográfica, pueden, independientemente de lo que llamemos buen o mal gusto, crear arquetipos inmortales, fenómenos culturales y personajes fantásticos que escapan a todas las categorías y principios críticos o artísticos, para desafiarnos abiertamente desde más allá del espacio y el tiempo, riéndose de nosotros tanto como de sus propios creadores, gozando de una vida imaginaria más fuerte que cualquier elixir o suero, y más eterna que los zombis vengativos del Dr. West. Por todo ello, celebremos la vida eterna de *Herbert West, Re-Animador*, el peor y al mismo tiempo uno de los mejores relatos escritos por H. P. Lovecraft.

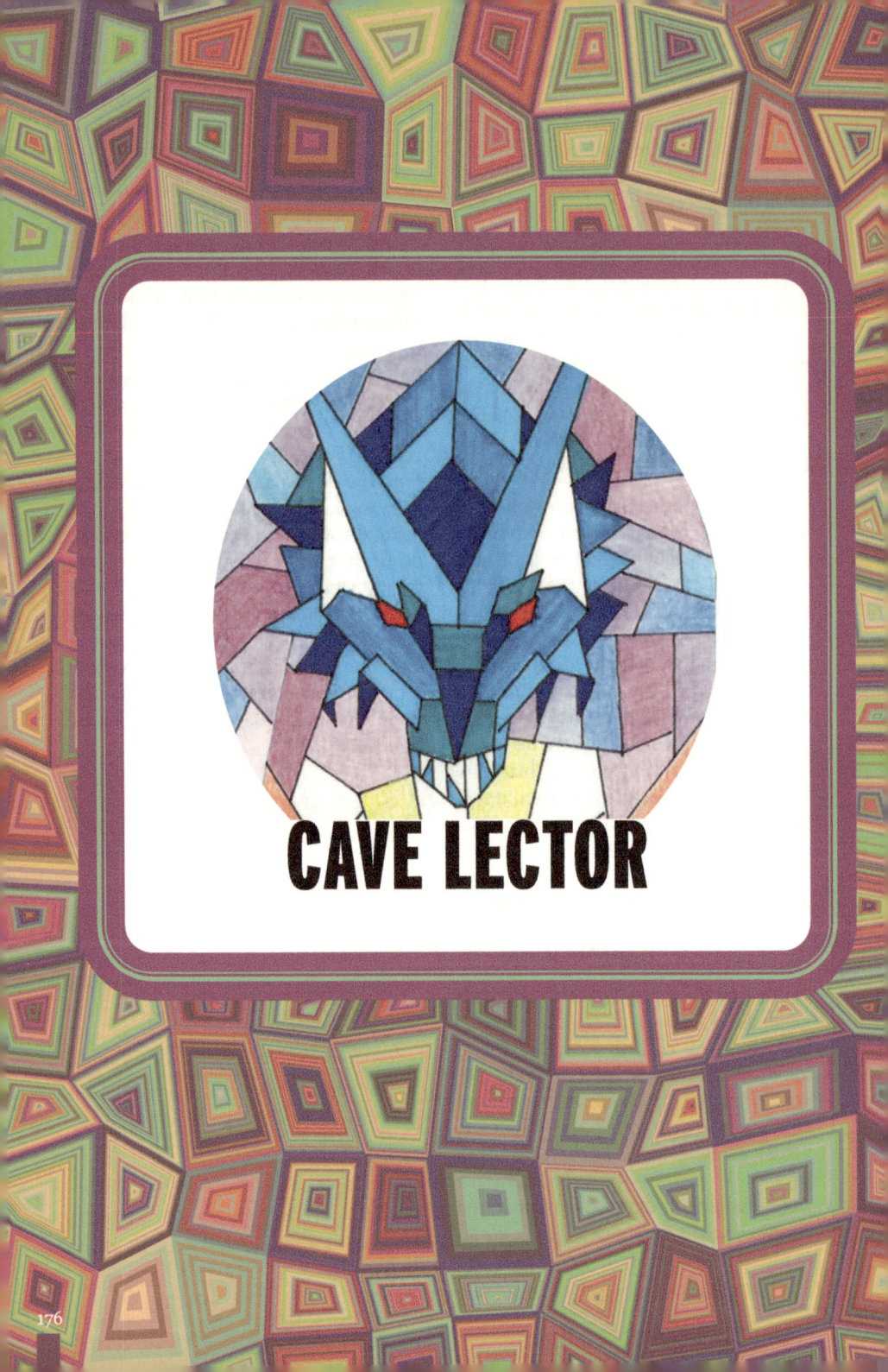

CAVE LECTOR

POR VÍCTOR M. MARTÍN
ILUSTRACIÓN CaMiNaNTe

Cuando se produce el cambio de año y **enero** aparece en nuestros calendarios con esos aires fríos que le caracterizan, cabría esperar que la industria literaria también aflojara un poco y el ritmo de publicaciones se desacelerara un poco, una especie hibernación literaria, a la espera de la llegada de la espléndida primavera. Pero no es así, más bien todo lo contrario. Como si escucháramos la letanía de **Groucho Marx** en **Los hermanos Marx en el Oeste**, "¡¡¡Traed madera, traed madera!!!**, los chicos del sector se lo toman muy a pecho, y no dan un paso atrás ni para tomar impulso. Al ritmo de más de 8.000 novedades literarias anuales, este primer trimestre del año verán la luz cerca de 2.000 nuevos títulos que tomarán al asalto nuestras librerías. Como los salarios dan para lo que dan, y los tamaños de las casas son finitos, conviene hacer una selección de entre todo lo que pasará por nuestros establecimientos en los próximos meses.

Antes de entrar en el desglose de lo que nos espera en este primer trimestre, no estaría de más recordar los aniversarios que nos esperan. Por ejemplo, los **250 años del nacimiento de Jane Austen**, un momento excelente para acercarnos a la obra de esta gran autora, sobre todo aquellos que *aún no la hemos leído*; por ejemplo los **150 del nacimiento de Thomas Mann** (¿Por qué no leer este 2025 *La montaña mágica*, que cumplió en 2024 100 añitos?), **Rainer María Rilke y Antonio Machado**.

Si hablamos de fallecimientos, en este 2025 se celebran los **150 años de la muerte de Hans Christian Andersen**, 120 de la de Jules Verne, 80 de Anna Frank o 30 del legendario autor de **La historia interminable**, **Michael Ende**. Estas onomásticas, bien celebren los nacimientos o las defunciones, son la excusa perfecta, de una parte, para recuperar a estos autores con traducciones un poco más actuales, y por otro lado, para los lectores, de acercarnos a alguno de estos escritores. Quizá éste pueda ser un buen propósito para este año recién estrenado. Ahí lo dejo.

No sé si lo han hecho aposta o no, pero enero parece el mes de los *premios Nóbel*. *Alfaguara* ha recuperado una "novela" del finado *Günter Grass*, *La estatua*, inspirada en Uta de Naumburgo, considerada la mujer más bella de la Edad Media y figura idealizada en los años 30 por el nazismo alemán. Si te engatusó la prosa rítmica y un poco repetitiva de **Jon Fosse**, *Random House Literatura* ha unido en *Escenas de una infancia* algunos de sus cuentos y una novela corta. Y más nóbeles: *Olga Tokarczuk* saca en *Anagrama Tierra de empusas* y la ganadora del Nóbel alternativo y fallecida en 2024, *Maryse Condé*, publica en *Impedimenta Victoire. La madre de mi madre*, con la hermosa traducción de *Martha Asunción Alonso*.

Pero como el lector no sólo vive de premios nóbeles, tenemos más alternativas: *Orbital*, de *Samantha Harvey (Anagrama)*, premio *Booker 2024*, *Pilar Adón* vuelve al cuento con *Las iras* en *Galaxia Gutenberg*, *Juan Gabriel Vásquez* publica *Los nombres de Feliza* (*Alfaguara*), *María Fasce* regresa tras años más centrados en la edición con el *Premio Café Gijón 2024* bajo el brazo y *El final del bosque*, y *Rosa Montero* cierra (dice) la saga de *Bruna Husky* con la cuarta entrega que saca *Seix Barral, Animales difíciles*.

Si lo tuyo son lecturas más veloces, podrás elegir entre la nueva novela de la sensación de 2022, *Virginia Feito*, que nos trae *Victorian Psycho* en *Lumen*, el nuevo policiaco del expert *Juan Carlos Galindo*, *Muerte privada*, segunda entrega de la serie

JON FOSSE
Escenas de una infancia

Premio Nobel de Literatura

Traducción de
Cristina Gómez Baggethun
y Kirsti Baggethun

Segovia Noir, (*Salamandra*) o el thriller que nos entrega el 33% de *Carmen Mola*, *Agustín Martínez*, llamado *El esplendor*, y *Siruela* suma un título más a su excelente colección de novela policiaca con la última novela de *Ivy Pochada*, *Una melodía de muerte y destrucción*; también podrás volver a subirte a lomos de dragones en la tercera parte de la saga *Empíreo*, que está reventando las ventas con sus *Alas de ónix* (Planeta), de la estadounidense *Rebecca Yarros*.

Sin embargo, por crudeza y solidez, quizá el libro del mes sea *Y dejé de llamarte papá*, de *Caroline Derian* (*Seix Barral*), hija de *Gisèle Pelicot* y de ese monstruo cuyo nombre me niego a poner sobre el papel. Caroline expresa el dolor lacerante que le produjo descubrir ese incalificable secreto que escondía su padre y para el que no existe adjetivo que exprese el asco que siento por él. No te vas a echar unas risas, eso está claro, pero de vez en cuando, no está de más que alguien nos agarre de la solapa y nos haga ver que este mundo en el que vivimos puede ser maravilloso si ponemos de nuestra parte, pero también puede resultar infernal si nos empeñamos en saber del lado oscuro.

FEBRERO

El gran acontecimiento de febrero es la aparición de *Los lobos del bosque de la eternindad*, del noruego *Karl Ove Knausgard* (en *Anagrama*), ese autor que ha hecho del relato minucioso y detallista de la cotidianeidad un arte (o no, según a quien le preguntes). Knausgard es de esos autores culturetas que no deja indiferente a nadie. O le amas, o le odias. Yo milito en el primero de los grupos, y estoy contando los días que faltan hasta el 11 de febrero para meterle mano a las más de 900 páginas que anuncia su editorial.

KARL OVE KNAUSGÅRD

Los lobos del bosque de la eternidad

Traducción de Kirsti Baggethun y Asunción Lorenzo

ANAGRAMA
Panorama de narrativas

Para los que gustan de otros géneros, otro grande de la literatura estadounidense, *James Ellroy*, seguirá destrozándonos el cerebro con sus frases cortas y directas, merced a *Los seductores* (*Literatura Random House*), donde la muerte de *Marilyn Monroe* sirve de madeja con la que guiarnos (o perdernos) en Los Ángeles de los años 60. Más novela negra de la buena, *Los ahogados*, de *Benjamin Black* (en *Alfaguara*), no confundir con su alter ego *John Banville*. *Fernando Navarro*, que me impresionó con su ópera prima *Malaventura* nos regala otra suerte de western de terror crepuscular hispano (¡¡¡toma ya!!!), ambientando esta vez la acción de *Crisálida* (*Impedimenta*) en las *Alpujarras* granadinas. La escandinava *Camilla Lackberg*, que posee un nutrido club de fans en España, nos entrega *Sueños de bronce*, el tercer caso de *Faye*, la nueva heroína de la escritora sueca.

En el otro extremo tenemos a *Ildefonso Falcones*, con la tercera parte de la celebrada *La catedral del mar*. En este caso, *Arnau Estanyol*, nieto del protagonista del superventas que dio a conocer a Falcones, se traslada a *Nápoles* en 1442 para continuar con las desventuras tan propias de este género literario en *En el amor y la guerra* (*Grijalbo*). Otro grande de las listas de superventas que regresa a las librerías tras varios años de silencio es Javier Sierra, que estrena *El plan maestro* (**Planeta**), 500 páginas de thriller, misterio y acción para leer casi del tirón.

Para los amantes del ensayo, *Pablo D'Ors* presenta *Devoción*, quien inspirándose en *El peregrino ruso*, un clásico del cristianismo ortodoxo, plantea una versión moderna en la que a pesar de los tiempos acelerados que vivimos, la mística, la devoción y el auto conocimiento pueden tener cabida en nuestras hiperactivas existencias. Y si te gustan los libros que hablan de libros, *Mario Vargas Llosa* sigue con las entregas de sus memorias periodísticas con *El reverso de la utopía* (**Alfaguara**), casi 800 páginas de reseñas y artículos del escritor peruano.

Una de nuestras editoriales favoritas, *Errata Naturae* (como queda constancia en este mismo número) saca este mes dos libros muy diferentes pero que reflejan a la perfección el espíritu de esta guerrera editorial: *Una nueva época*, firmado por *Ida Jensen*, que narra la historia de una profesora que descubre un diario suyo olvidado durante 25 años, que le sirve para recuperar sus deseos más profundos en la madurez de vida. El otro título es *El*

superhéroe de las mil caras, del escritor, periodista y guionista *Enric Ros*, quien firma un ensayo sobre el poder inmemorial de los mitos encarnados en los cómics de *Marvel* y *DC*. *Libros del Asteroide*, por su parte, publicará *Despejado* de *Carys Davies*, la historia del único habitante de una isla escocesa que recoge de un naufragio a un superviviente que no habla su mismo idioma.

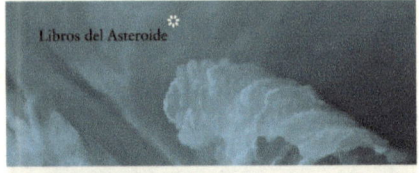

MARZO

En este mes que despediremos al invierno venido a menos para dar la bienvenida a la siempre querida pero inestable primavera, el olor de las flores y los jardines verdeados, la inminencia de *Sant Jordi* y la *Feria del Libro de Madrid* hace que la velocidad de publicaciones adquiera un rit-

mo ya casi insoportable para las librerías... y los lectores.

El francés *Pierre Lemaitre*, cada vez más decantado hacia la novela histórica contemporánea, nos presenta *Un futuro prometedor* (Salamandra), avanzando en la historia de la fa-

Fernando Aramburu

HOMBRE CAÍDO

colección andanzas

milia Pelletier ya bien entrado el siglo XX. El gran **Fernando Aramburu** aspira a extender su brillante momento de lucidez literaria con **Hombre caído** (**Tusquets**). La prestigiosa editorial catalana también aprovecha marzo para poner sobre la mesa el nuevo caso de la familia Hernández que escribe con la solvencia que le caracteriza **Rosa Ribas** en **Los viejos amores**. Y como parece que la cosa va de novela policiaca, otro clásico de los estantes negros, **Lorenzo Silva** prolonga la saga de **Bevilacqua** y **Chamorro** con **Las fuerzas contrarias**, decimocuarta entrega de las aventuras de esta popular pareja de guardia civiles.

En otro ámbito, en marzo volveremos a tener con nosotros al recuperado para la causa **Ray Loriga** con **Tim** (**Alfaguara**), a la sevillana **Sara Mesa** y su **Oposición** (**Anagrama**), o uno de los robos del año, la argentina **Samanta Schweblin**,

que tras ganar el National Book Award estadounidense en 2022 con **Siete casas vacías** (**Páginas de espuma**), ficha por **Seix Barral** con su nuevo libro de cuentos, **El buen mal**. La gran **Libros del Asteroide** nos trae el último texto de unos de sus buques insignia, **Rachel Cusk**, con **Desfile**.

Para cerrar el mes, una de esas sagas que no se acaban nunca, aunque parecía atada y bien atada en su momento. Me estoy refiriendo a **Los juegos del hambre**. **Suzanne Collins** querrá volver a ganar el juego de los superventas con **Amanecer en la cosecha**, quinto volumen de la saga. ¿Será el último? Quien sabe.

Esto es sólo un aperitivo de lo que podremos encontrarnos en los próximos meses en nuestras librerías. Pero hay más, mucho más, lo único que este modesto artículo no puede convertirse en el catálogo infinito de las editoriales españolas. Así pues, sigan visitando su establecimiento de confianza, porque recuerden, **los libros, siempre... en las librerías**.

Sobre cancelar

Me he comprado unos cascos que cancelan ruido, porque, aunque pongo la música a todo volumen, que oiga usted, yo soy una joven de los noventa y en esa época había música tan ruidosa que cancelaba todo lo de alrededor, hay cosas que penetran incluso los berridos del pobre Vedder en *Not for you*.

Y pensando en cancelar, pienso hasta en cancelar la realidad, porque es tan desagradable y tan mentirosa que solo vivirla me agota y deprime. Será por eso por lo que en la librería únicamente repetimos hasta la saciedad nuestras listas de Spotify, para no escuchar ni la noticias, ni las tertulias; y será por eso por lo que hace tiempo dejamos el negocio de los periódicos y revistas. Vaya usted a saber.

Creo que también es por eso por lo que las estanterías de la librería están llenas de historias de fantasía, donde la barbarie, la magia y la sinrazón están a la orden del día, donde el mundo también es duro y horrible, pero sabes que una jovencita enamorada de 18 años lo va a arreglar. Estas mujeres aguerridas te dan esperanza con cada página. Incluso si se lo proponen, reforman y domeñan a crueles jefes de la mafia a base a amor y lujuria. Con valor cancelan la estulticia del exterior y la desesperanza que la realidad te muestra todos los días, y te engañan con que serán las nuevas generaciones las que acabarán con la majadería de las generaciones actuales. Por eso nos permitimos estropear el presente para que ellas nos recuperen el futuro.

También, mientras que aumento el volumen y Cornel me susurra a voces más palabras de amor desgarrado, y repaso las listas de novedades, me descubro cancelando libros que jamás cogerán polvo en mis estanterías, salvo que un cliente me lo pida (que la conciencia de clase siempre nos recuerda que somos de la patronal).

El de ese periodista cuentacuentos, eternamente enfadado, ¡cancelado! El de aquella influencer que nos enseña a vivir felices, ¡cancelado!; El de ese poeta, amigo de los niños, ¡cancelado! O incluso esos retelling kamasutranicos, protagonizados por acróbatas del Circo del Sol ¡cancelados, también!

Y todo ello para decir que, como la fantasía no supera la realidad, sino que la permea, he decidido cancelar de mi alrededor todo lo que no me gusta o me genera desasosiego, incluidos algunos libros.

Menos mal que los libreros nunca estamos solos y siempre hay alguien con más criterio que el propio de uno para recomendar un buen libro, sino les tendría leyendo a mis lectores romanfantasy, enemys to lovers, feelgood o sesudos ensayos (esto último, para depurar la mente).

Por eso, queridos, pasen y miren, que en una librería hay para todos. Y si no, pidan que se lo traigan, que a lo mejor la librera estaba en modo cancelado el día que realizó el pedido de novedades.